에코안다리아 디자인 31

어른스러운
손뜨개 가방과
모자

大人のための
かごバッグと帽子

Contents

D

프릴 미니 마르쉐 백

p.08 / p.44

E

아미시 모자

p.10 / p.46

F

다이아무늬 클러치

p.11 / p.48

K

육각형 모티브 핸드백

p.17 / p.58

L

방안뜨기 스퀘어 토트백

p.18 / p.60

M

대나무 핸들 백

p.19 / p.62

N

버킷백

p.20 / p.64

S

라인 햇

p.25 / p.74

T

비침무늬 버킷 햇

p.26 / p.76

U

조개무늬 주머니백

p.27 / p.78

V

토끼풀 마르쉐 백

p.28 / p.80

A _ 타일무늬 마르쉐 백

솔잎뜨기와 걸어뜨기를 한 단씩 반복해 떠 나가다 보면
생기는 타일 무늬가 즐거운 가방입니다.
긴 듯한 손잡이와 넉넉한 수납력이 마음에 듭니다.

디자인: 후나코시 토모미
만드는 법: p.38
실: 하마나카 에코안다리아

B _ 삼각모티브 백

빛이 비치는 뜨개바탕이 아름다운 빅 토트백
커다란 삼각형 모티브를 여며서 만드는
독창적이고 매력이 넘치는 디자인입니다.

디자인: 사이치카
만드는 법: p.41
실: 하마나카 에코안다리아

C-1 _ 줄무늬 클로슈

바람에 날아가지 않도록 깊숙히 눌러 쓰는 클로슈 모자.
상쾌한 느낌의 흰색 라인이 여름 옷차림과 잘 어울립니다.

디자인: 마쓰다 쿠미코
만드는 법: p.40
실: 하마나카 에코안다리아

D_ 프릴 미니 마르쉐 백

심플한 짧은뜨기로 만든 둥근 바닥 가방에
프릴을 더해 소녀 감성으로 마무리.
내츄럴한 색상도 밝은 색상도 어울리는 디자인입니다.

디자인: 가네코 사치코
만드는 법: p.44
실: 하마나카 에코안다리아

E_ 아미시 모자

리본 장식이 클래식한 분위기를 자아내는 모자.
크라운 아래로 리본 구멍을 만들어 놓았습니다.

디자인: 시즈쿠 도
만드는 법: p.46
실: 하마나카 에코안다리아

※ 아미시(Amish): 현대 문명에서 떨어져 소박하고 엄격한 생활을 하는 교파.

F_ 다이아무늬 클러치

블랙 단색이 어딘가 시원해 보이는 클러치.
간단한 소지품을 챙겨 외출할 때에 딱입니다.

디자인: Little Lion
만드는 법: p.48
실: 하마나카 에코안다리아

G _ 플랫 토트백

큰 파일도 쑥 들어가
스마트하게 사용할 수 있는 납작한 토트백.
시원한 실버와 화이트 컬러를 사용했습니다.

디자인: 하마나카기획
만드는 법: p.50
실: 하마나카 에코안다리아

H _ 2색 반원 파우치

타원형 뜨개바탕을 한 번 접어 만드는 파우치.
양 옆에 조금의 두께를 더하여
한층 쓰기 좋게 만들었습니다.

디자인: 아오키 에리코
만드는 법: p.52
실: 하마나카 에코안다리아

I _ 해바라기 모티브 백

마음도 밝아지는 선명한 노란색의 백.
모티브를 서로 어긋나게 배치하여 움직임이 있는 디자인입니다.

디자인: 이케가미 마이
만드는 법: p.54
실: 하마나카 에코안다리아

J_ 비침무늬 모자

레저, 스포츠, 관광 …
아웃도어 활동에 추천하는 챙 넓은 모자.
사랑스럽기보다는 시크한 브라운을 선택했습니다.

디자인: 가네코 사치코
만드는 법: p.56
실: 하마나카 에코안다리아

K _ 육각형 모티브 핸드백

입체적인 모티브로 공들여 디자인했습니다.
육각형을 도드라지게 한 모던한 형태는
원피스는 물론 간편한 옷차림에도 어울립니다.

디자인: Sachiyo * Fukao / 제작: 미우
만드는 법: p.58
실: 하마나카 에코안다리아

C-II _ 트리밍 클로슈

p.07 '줄무늬 클로슈'를 검정 테두리 무늬로 변형했습니다.
접어서 가지고 다닐 수 있어서
매일같이 활약하는 모자입니다.

디자인: 마쓰다 쿠미코
만드는 법: p.40
실: 하마나카 에코안다리아

L _ 방안뜨기 스퀘어 토트백

어떤 복장에도 어울리는 심플한 방안무늬의 토트 백.
얇은 두께의 만듦새와 라임옐로우 색상이 스타일리시합니다.

디자인: 나가이 마사미
만드는 법: p.60
실: 하마나카 에코안다리아

M _ 대나무 핸들 백

클로버 모티브와 대나무 모양 손잡이가 엘레강스한 분위기를
자아내고, 아름다운 녹색은 코디네이트의 엑센트가 됩니다.

디자인 : marshell
만드는 법 : p.62
실 : 하마나카 에코안다리아

N _ 버킷백

버킷백은 보기보다 많이 들어가고
출퇴근부터 평상시까지 쓸 수 있는 훌륭한 가방.
끈도 조리개도 전부 손뜨개입니다.

디자인: 이케가미 마이
만드는 법: p.64
실: 하마나카 에코안다리아

O _ 테두리장식 모자

테두리 장식과 뜨개리본이 귀여운 모자.
모자챙이 넓어서 여름의 뜨거운 햇살을
확실히 가립니다

디자인: 후나코시 토모미
만드는 법: p.66
실: 하마나카 에코안다리아

P_ 리본 숄더백

가지고 다니기 쉬운 네트백을 여행에도 함께.
어깨끈을 묶어서 쓰기 쉬운 길이로 조절할 수 있어 편리합니다.

디자인: 오카 마리코
만드는 법: p.68
실: 하마나카 에코안다리아

Q _ 몽실몽실 손가방

2겹 실로 만든 몽실몽실하고 부드러운 분위기의 가방.
굵은 바늘로 빨리 뜰 수 있는 점도 좋습니다.

디자인: 마쓰다 쿠미코
만드는 법: p.70
실: 하마나카 에코안다리아

R _ 기하무늬 마르쉐 백

기하학무늬를 배색하여 민속공예품 느낌이 담뿍 담긴 가방.
바닥판도 줄무늬로 뜹니다.

디자인: 가와이 마유미 / 제작: 구리하라 유미
만드는 법: p.72
실: 하마나카 에코안다리아

S_라인 햇

어른에게 어울리는 매니시한 모자.
검은 무늬뜨기가 리본과는 또다른 분위기라
샤프한 악센트를 줍니다.

디자인: 가네코 사치코
만드는 법: p.74
실: 하마나카 에코안다리아

T_ 비침무늬 버킷 햇

가느다란 《크로셰》를 사용한 섬세한 모자.
다소 팽팽한 실이라 마무리를 확실하게 했습니다.

디자인: marshell
만드는 법: p.76
실: 하마나카 에코안다리아 《크로셰》

U_ 조개무늬 주머니백

백인백bag-in-bag으로도 활약하는 파우치.
핑크와 조개무늬가 달콤, 로맨틱합니다.

디자인: Knitting.RayRay
만드는 법: p.78
실: 하마나카 에코안다리아

V_ 토끼풀 마르쉐 백

배색무늬를 화환처럼 빙 둘러서 배치하고,
하얀 꽃은 피콧뜨기로 입체감을 냈습니다.

디자인: ucono 오노 유코
만드는 법: p.80
실: 하마나카 에코안다리아

W _ 투웨이 숄더백

어깨끈을 단 나들이 백
가운데에 끈을달아서 손가방으로도 사용합니다.

디자인:오카모토 케이코 / 제작: 스즈키 에미코
만드는 법: p.82
실 : 하마나카 에코안다리아

X _ 심플 마르쉐 백

가방 입구쪽으로 완만히 넓어지는 마르쉐 백.
짧은뜨기를 활용하여
가슬가슬한 질감으로 만들었습니다.

디자인: 시즈쿠 도
만드는 법: p.87
실: 하마나카 에코안다리아

Y _ 격자무늬 토트백

커다란 격자무늬 가방은
인조가죽 바닥판을 사용하여
빠르게 뜰 수 있고, 물건 수납력도 뛰어납니다.

디자인: 가와이 마유미 / 제작: 세키야 사치코
만드는 법: p.84
실: 하마나카 에코안다리아

Z _ 부케 자수 클러치 백

기다리던 외출에는 꽃다발과 함께.
뚜껑에 부케 자수를 곁들인 클러치 백은
사각으로 떠서 양 옆을 꿰매 마무리합니다.

디자인: poritorie
만드는 법: p.90
실: 하마나카 에코안다리아

만드는 법

작품 만드는 법과 함께 에코안다리아
의 소재 특성과 취급법, 알아두면 좋
은 기법 등을 소개합니다.
코바늘 기초 기법은 92쪽부터의 내
용을 참고 바랍니다.

[준비물]

실

에코 안다리아
목재펄프 원료로 만든 재생섬유, 레이온 100%의 천연소재이다. 내추럴한 감촉과 매끈한 느낌이 특징이다. 꼬임이 없는 얇은 테이프 모양으로 색상의 가짓수가 풍부하며 여러가지 색으로 염색한 '컬러풀' 상품도 있다. 사용할 때에는 겉의 띠지를 벗기지 않고 안쪽에서 실을 꺼내어 사용한다. 1볼 40g.

에코안다리아 《크로셰》
에코안다리아와 같은 소재이고 굵기는 반 정도이다. 적당한 탄력과 강도가 있어 코바늘의 무늬가 아름답게 표현되므로 섬세한 무늬와 뜨개바탕을 즐길 수 있다. 1볼 30g.

도구

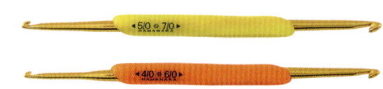

코바늘 (모사용)
2/0호~10/0호까지 있다. 숫자가 커질수록 굵어진다. 양쪽 바늘은 두 종류의 굵기의 바늘이 한 바늘의 양쪽에 달려 있어서 편리하다.

돗바늘
끝이 뾰족하지 않고 굵은 바늘. 실 마무리, 모티브 연결, 자수 등에 사용한다.

기타

단수링
콧수, 단수를 셀 때 편리하도록 일정 콧수 단수를 뜬 곳에 달아 표시하는 고리.

가위
잘 드는 수예용의 가위를 추천.

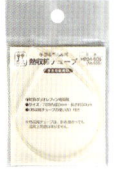

열수축 튜브
(H204-605)
테크노로토 끝의 마무리나 연결 부분에 사용한다.

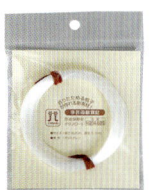

테크노로토
(H204-593)
형태 보존을 위해 사용하는 폴리에틸렌 심지. 모자의 챙 등 모양을 유지하고 싶은 곳에 심지로서 넣어 뜨는 데에 사용한다.

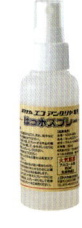

발수 스프레이
(H204-634)
에코안다리아는 흡수성이 높은 소재이므로 스프레이를 사용하여 발수, 방오 효과를 주는 것을 추천한다.

스프레이 풀
(H204-614)
스팀다리미로 형태를 정리한 뒤, 스프레이 풀을 뿌리면 모양이 길게 유지된다.

[게이지]

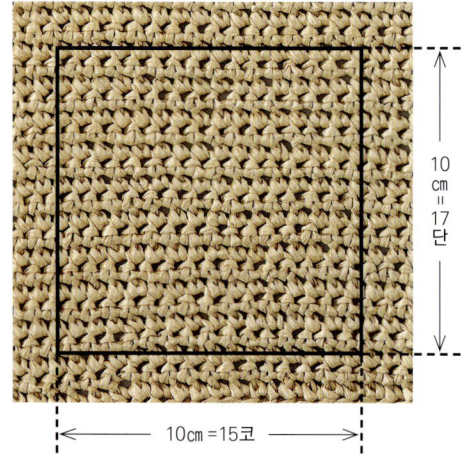

10
cm
"
17
단

10cm =15코

게이지란 일정한 크기 안에 들어가 있는 콧수와 단수로 뜨개코의 크기를 나타내는 말이다. 게이지를 맞추면 게재 작품과 같은 사이즈를 뜰 수 있다.
게이지는 뜨는 사람의 손땀에 따라 달라지므로 자신의 게이지를 측정하여 그것을 기준으로 조정해도 좋다.

◎게이지 내는 법
지정된 뜨개 방법으로 뜬 사방 15㎝ 정도의 뜬개바탕을 평평하게 두고 지정된 치수 안의 콧수와 단수를 센다.
· 콧수와 단수가 지정된 것보다 많은 경우
→ 손땀을 조금 느슨하게 하거나 지정된 것보다 1~2호 굵은 바늘을 사용한다.
· 콧수와 단수가 지정된 것보다 적은 경우
→ 손땀을 조금 빡빡하게 하거나 지정된 것보다 1~2호 가는 바늘을 사용한다.

[에코안다리아에 대하여]

에코안다리아의 특징

뜨개를 하다 보면 뜨개바탕이 말리는 경우가 있지만 그대로 떠도 괜찮다. 평평하게 정리하려면 뜨개바탕에서 2cm정도 띄워서 스팀다리미로 스팀을 쏘인다.

뜨다가 틀려서 풀어냈을 경우에는 풀어낸 실에서 2cm정도 띄워서 스팀다리미로 스팀을 쏘인다. 실이 원래대로 펴져 뜨기 쉬운 상태가 된다.

모자, 가방 마무리 방법

1. 모자나 가방의 안에 신문지나 타월을 채워 모양을 정리한다.

2. 뜨개바탕에서 2cm정도 띄워서 겉면에서 스팀다리미로 스팀을 쏘이고 마를 때까지 그대로 둔다. 모자챙은 평평하게 놓고 같은 요령으로 스팀다리미질한다.

인조가죽 바닥판에 뜨는 방법

타원형 인조가죽 바닥판과 보강용 바닥판

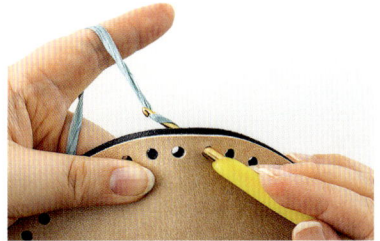

1. 인조가죽 바닥판과 보강용 바닥판의 구멍에 바늘을 넣어 사슬뜨기로 기둥코를 만든다.

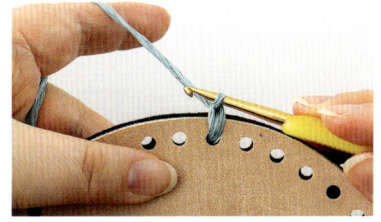

2. 사슬코를 뜬 모습. 같은 구멍에 짧은뜨기한다.

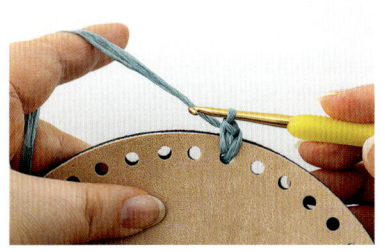

3. 짧은뜨기를 한 모습. 같은 요령으로 둘레의 구멍에 도안에 따라 코를 떠넣는다.

작품에 따라 하나의 구멍에 2코, 3코 떠넣는 것도 있다.

배색실 바꾸는 법(단마다 바뀌는 경우)

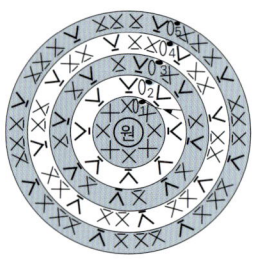

1. 다음 단을 뜨는 배색실(블루)를 바늘에 걸쳐서 빼뜨기 한다.

2. 계속해서 다음 단을 배색실로 뜬다.

3. 안면의 모습. 실이 세로로 건너고 있다.

배색무늬

××××⊠⊠××××⊠⊠×××⊠⊠×××× □=바탕실 ▨=배색실

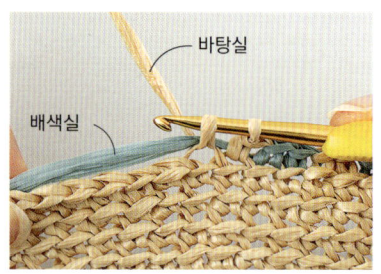

1. 바탕실(베이지)을 배색실(블루)로 변경하기 전까지 뜬 모습.

2. 마지막에 실을 빼낼 때에 바탕실(베이지)를 앞으로 놓고 배색실(블루)로 바꿔 뜬다.

3. 실을 빼뜬 모습. 코머리는 바탕실(베이지)이 되고 바늘에 걸친 실은 배색실(블루)가 되었다.

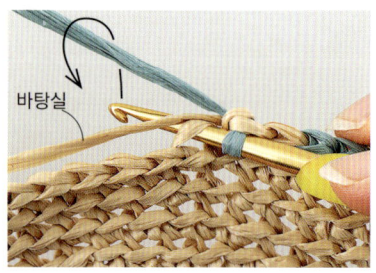

4. 바탕실(베이지)를 감아 넣어 뜨면서 배색실(블루)로 뜬다.

5. 배색실(블루)로 바뀌었다.

6. 바탕실(베이지)로 바꿀 때에도 마지막에 실을 빼낼 때에 실을 바꿔 뜬다.

테크노로토 사용법 ※ 알아보기 쉽도록 검정색 테크노로토를 사용하였다.

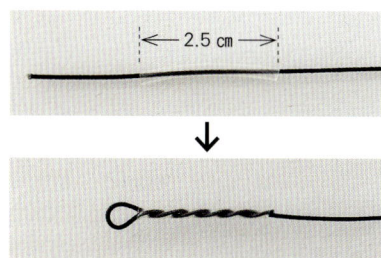

1. 2.5cm로 자른 열수축튜브에 테크노로토를 끼운다. 튜브에서 나온 테크노로토를 한 번 접어 고리를 만들어 꼰 후 튜브를 끼워 덮는다. 드라이어의 온풍을 쏘여 튜브를 수축시킨다.

2. 사슬코로 기둥코를 세우고 전 단의 시작 코와 테크노로토의 고리에 바늘을 넣는다.

3. 실을 걸어 빼내고 짧은뜨기 한다.

4. 계속해서 테크노로토를 감아가면서 짧은 뜨기 한다.

5. 뜨면서 모자챙의 형태를 정리한다.

6. 끝코에서 5코 전까지 뜨면 5코의 2배 길이를 남기고 테크노로토를 자른다.

7. 1의 요령으로 열수축튜브를 이용하여 고리를 만든다.

8. 마지막 코의 앞까지 뜬다.

9. 2, 3의 방법대로 테크노로토의 고리에 바늘을 넣어 짧은뜨기 하고 첫 코에 빼뜨기한다.

돗바늘 마무리 ※ 알아보기 쉽도록 다른 색의 실을 사용하였다.

1. 끝 코의 실을 15cm 정도 남기고 자른 후 실 끝을 돗바늘에 꿴다. 시작 코의 코머리에 바늘을 넣는다.

2. 끝 코의 코머리 안에 바늘을 넣어 안면 쪽으로 빼낸다.

3. 실을 당겨서 사슬을 만든다. 실은 안면에서 정리한다.

A 타일무늬 마르쉐 백 / photo p.04

[재료]
- 실: 하마나카 에코안다리아(40g/볼)
  베이지(23) 235g, 화이트(1) 80g
- 바늘: 6/0호 코바늘

[게이지]
짧은뜨기 20코×18단/10cm×10cm
무늬뜨기(4단째 이후) 4무늬×8단/14.5cm×6.5cm

[사이즈]
입구 폭 40cm, 바닥 지름 22cm, 높이 32cm

[뜨는 법]
- 실 1겹, 지정된 색상으로 뜬다.
- 바닥판: 원형코잡기 하여 짧은뜨기로 코를 늘려가며 뜬다.
- 앞뒤판: 무늬뜨기로 뜬다(평면뜨기). 2~4단째에서 코를 늘리고 계속해서 코늘림/줄임 없이 뜬다. 입구를 짧은뜨기와 사슬뜨기로 뜨고 마지막으로 빼뜨기한다.
- 손잡이: 사슬코로 110코를 잡아 짧은뜨기와 빼뜨기로 떠서 앞뒤판의 안면에 꿰매 단다.

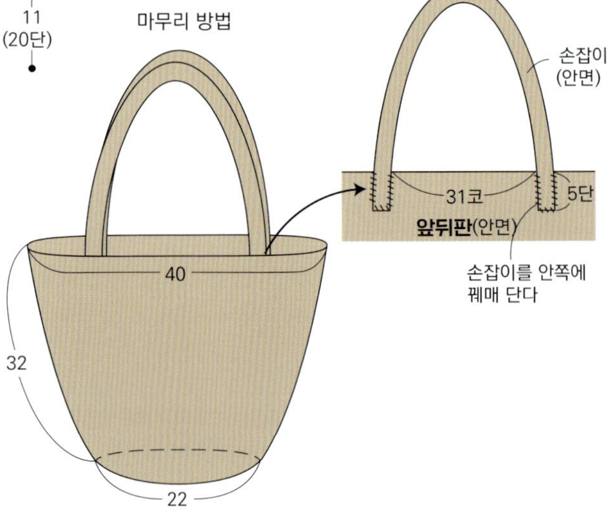

옆선 / 손잡이 다는 위치

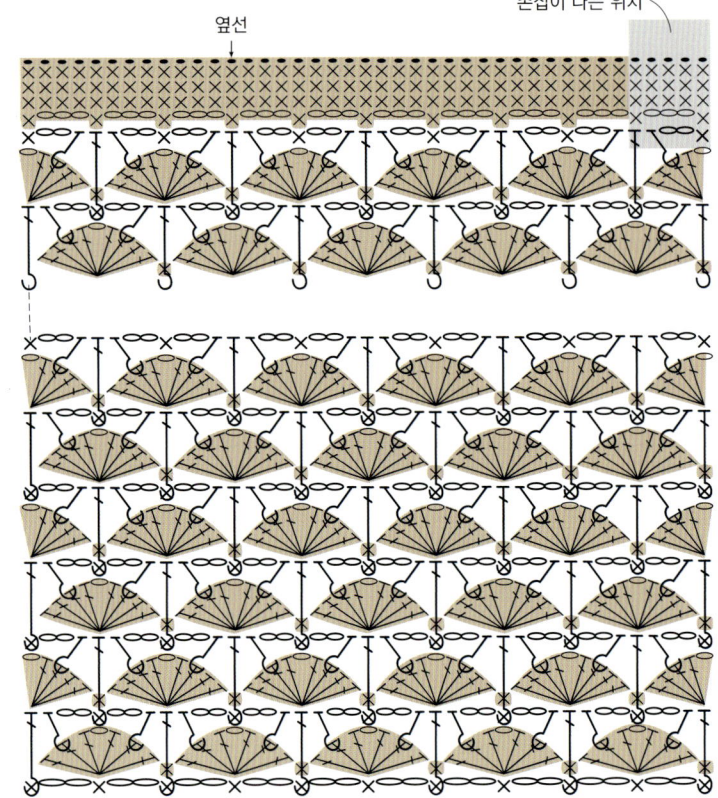

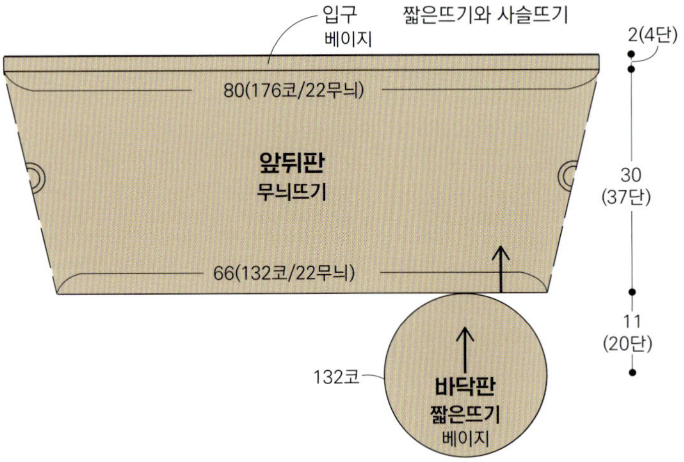

입구 / 베이지 / 짧은뜨기와 사슬뜨기

80(176코/22무늬)

앞뒤판
무늬뜨기

66(132코/22무늬)

2(4단)
30(37단)
11(20단)

132코

바닥판
짧은뜨기
베이지

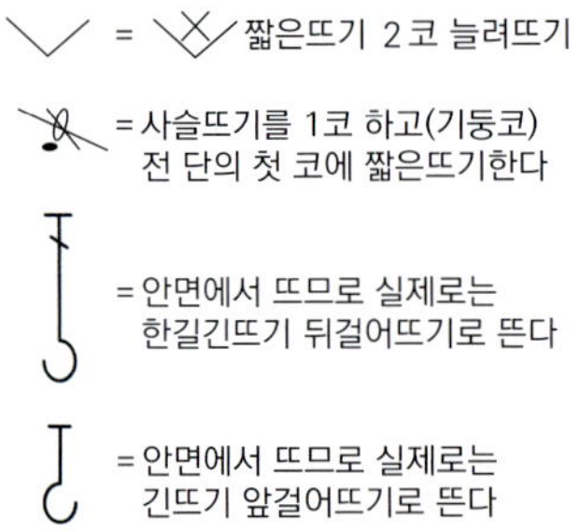

= 짧은뜨기 2코 늘려뜨기

= 사슬뜨기를 1코 하고(기둥코) 전 단의 첫 코에 짧은뜨기한다

= 안면에서 뜨므로 실제로는 한길긴뜨기 뒤걸어뜨기로 뜬다

= 안면에서 뜨므로 실제로는 긴뜨기 앞걸어뜨기로 뜬다

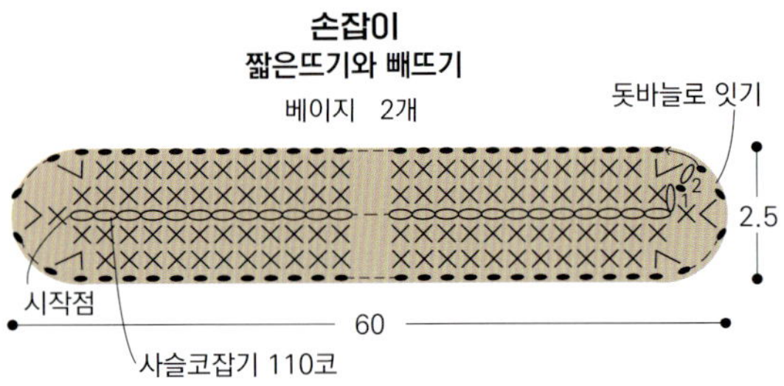

마무리 방법

손잡이(안면)

31코 5단
앞뒤판(안면)

손잡이를 안쪽에 꿰매 단다

40
32
22

손잡이
짧은뜨기와 빼뜨기
베이지 2개

돗바늘로 잇기

2
2.5

시작점
사슬코잡기 110코
60

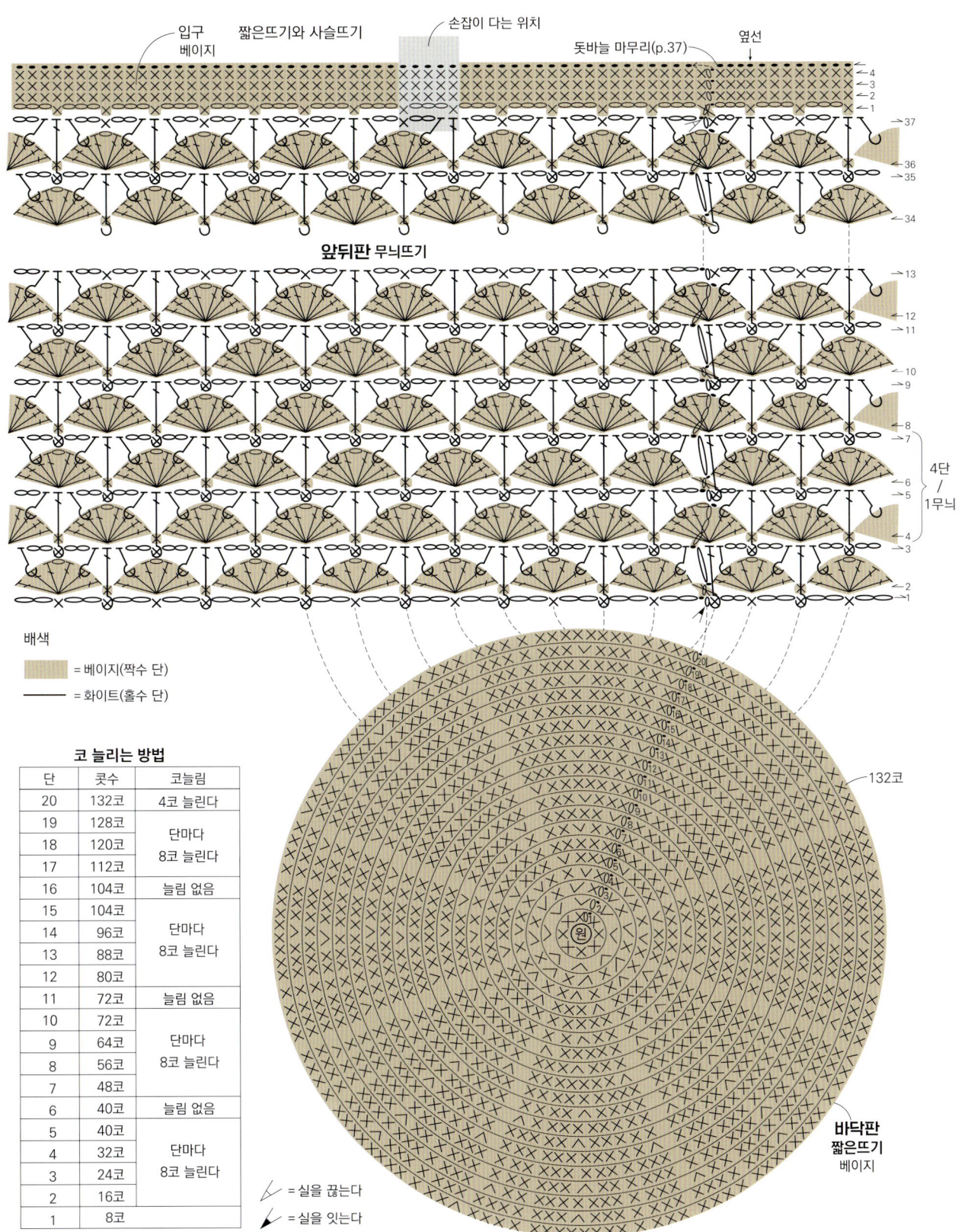

입구
베이지

짧은뜨기와 사슬뜨기

손잡이 다는 위치

돗바늘 마무리(p.37)

옆선

앞뒤판 무늬뜨기

4단
/
1무늬

배색

= 베이지(짝수 단)

= 화이트(홀수 단)

코 늘리는 방법

단	콧수	코늘림
20	132코	4코 늘린다
19	128코	단마다 8코 늘린다
18	120코	
17	112코	
16	104코	늘림 없음
15	104코	단마다 8코 늘린다
14	96코	
13	88코	
12	80코	
11	72코	늘림 없음
10	72코	단마다 8코 늘린다
9	64코	
8	56코	
7	48코	
6	40코	늘림 없음
5	40코	단마다 8코 늘린다
4	32코	
3	24코	
2	16코	
1	8코	

원

132코

**바닥판
짧은뜨기**
베이지

= 실을 끊는다

= 실을 잇는다

C 줄무늬 클로슈 ／ photo p.07, 16

[재료]

- 실: 하마나카 에코안다리아(40g/볼)

  C-I 베이지(23) 75g, 화이트(1) 25g

  C-I 베이지(23) 85g, 블랙(30) 15g

- 바늘: 5/0호 코바늘
- 기타: 하마나카 테크노로토(H204-593) 100cm

  하마나카 열수축튜브(H204-605) 5cm

[게이지] 짧은뜨기 17코×18단/10cm×10cm

[사이즈] 머리둘레 56.5cm 높이16.5cm

[뜨는 법] 실 1겹, 지정된 배색으로 뜬다.

- 톱: 원형코잡기 하여 짧은뜨기로 코를 늘려가며 뜬다. 옆판: 코늘림/줄임 없이 뜬다. 모자챙: 코를 늘려가며 뜨고 마지막 단에 테크노로토를 넣어 뜬다.(p.37참고)

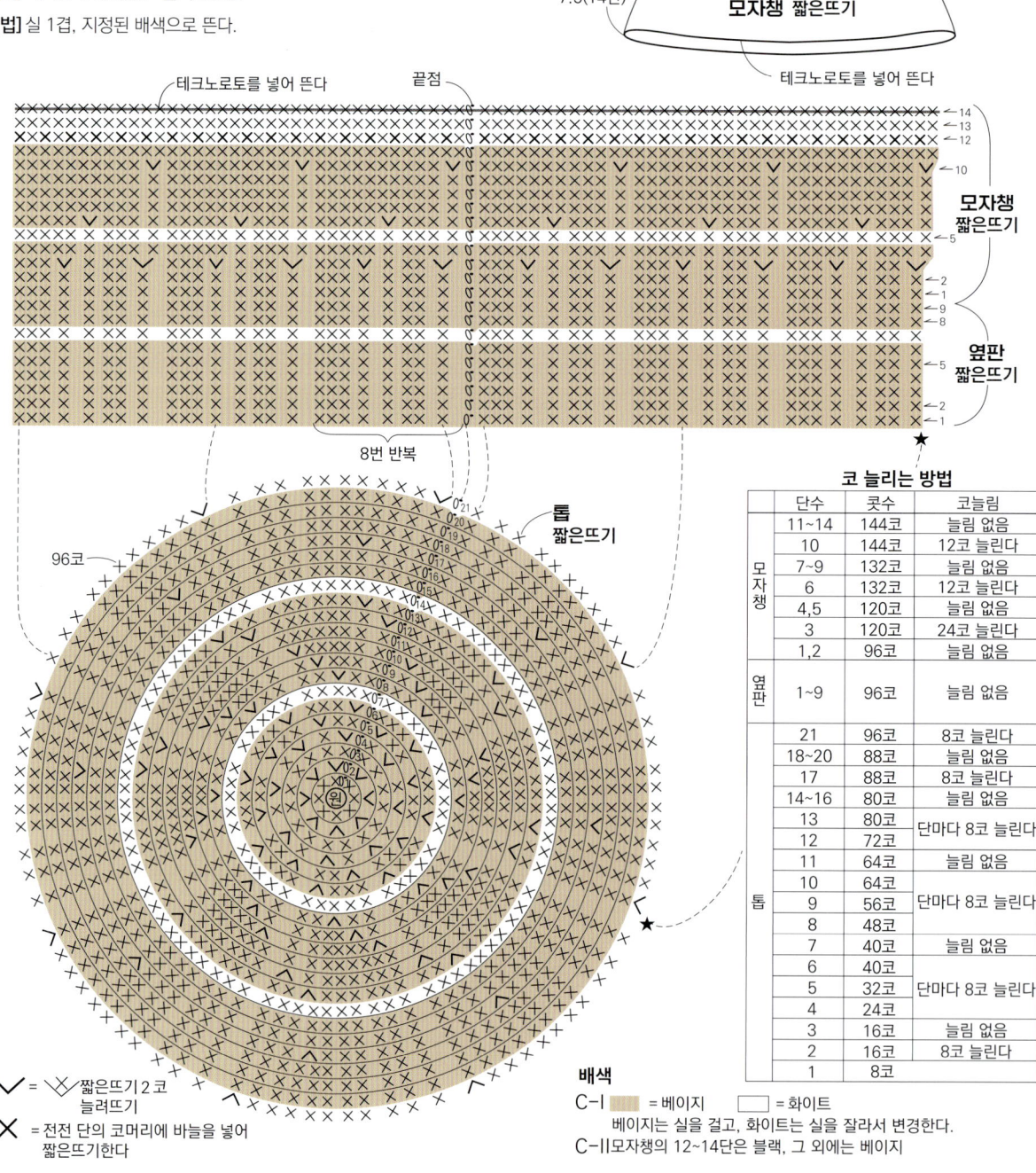

코 늘리는 방법

	단수	콧수	코늘림
모자챙	11~14	144코	늘림 없다
	10	144코	12코 늘린다
	7~9	132코	늘림 없다
	6	132코	12코 늘린다
	4,5	120코	늘림 없다
	3	120코	24코 늘린다
	1,2	96코	늘림 없다
옆판	1~9	96코	늘림 없다
톱	21	96코	8코 늘린다
	18~20	88코	늘림 없다
	17	88코	8코 늘린다
	14~16	80코	늘림 없다
	13	80코	단마다 8코 늘린다
	12	72코	
	11	64코	늘림 없다
	10	64코	
	9	56코	단마다 8코 늘린다
	8	48코	
	7	40코	늘림 없다
	6	40코	
	5	32코	단마다 8코 늘린다
	4	24코	
	3	16코	늘림 없다
	2	16코	8코 늘린다
	1	8코	

∨ = 짧은뜨기 2 코 늘려뜨기

✕ = 전전 단의 코머리에 바늘을 넣어 짧은뜨기한다

배색

C-I ▨ = 베이지 ☐ = 화이트

베이지는 실을 걸고, 화이트는 실을 잘라서 변경한다.

C-II모자챙의 12~14단은 블랙, 그 외에는 베이지

B 삼각모티브 백 / photo p.06

[재료]
· 실: 하마나카 에코안다리아(40g/볼) 화이트(1) 320g
· 바늘: 7/0호, 8/0호 코바늘
[게이지] 무늬뜨기 17코×7.5단/10cm×10cm
[사이즈] 폭 41.5cm, 높이 40cm
[뜨는 법]
· 따로 지정되지 않은 것은 실 1겹, 7/0호 바늘로 뜬다.
· 본체: 사슬코 6코로 원형 코잡기를 하여 무늬뜨기로 삼각형
  으로 뜬다. 접는선을 따라 접어서, 맞춤표를 맞춰서 빼뜨기로
  이어 가방 모양을 만든다. 가방 입구에 실을 이어서 짧은뜨기
  와 빼뜨기한다. 바늘 끝에 실을 걸어서 실을 빼낸다. 이것이
  기둥코 1코가 된다.
· 가방끈: 입구에 사슬뜨기로 5개씩 떠 단다(총 4군데). 사슬뜨
  기 40코로 시작코를 잡아 짧은뜨기로 손잡이를 만든다. 손잡
  이에 가방끈을 넣어 꿰매서 위아래를 빼뜨기로 잇는다.

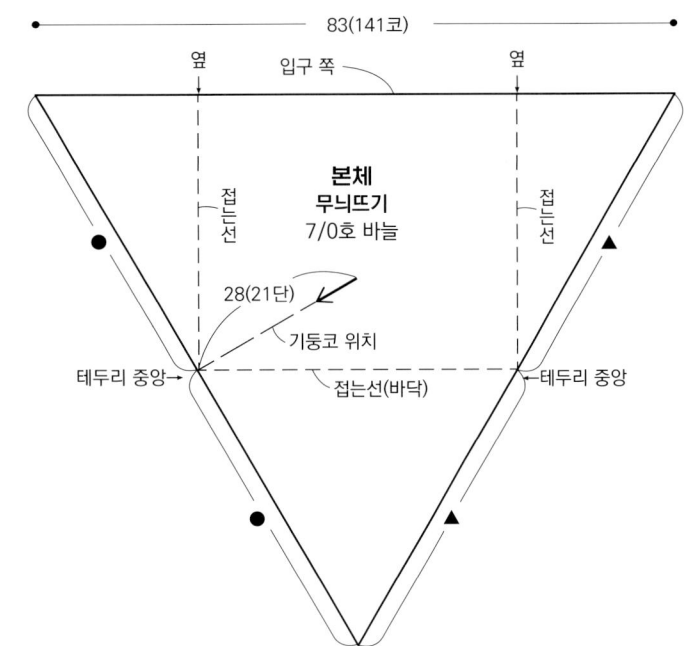

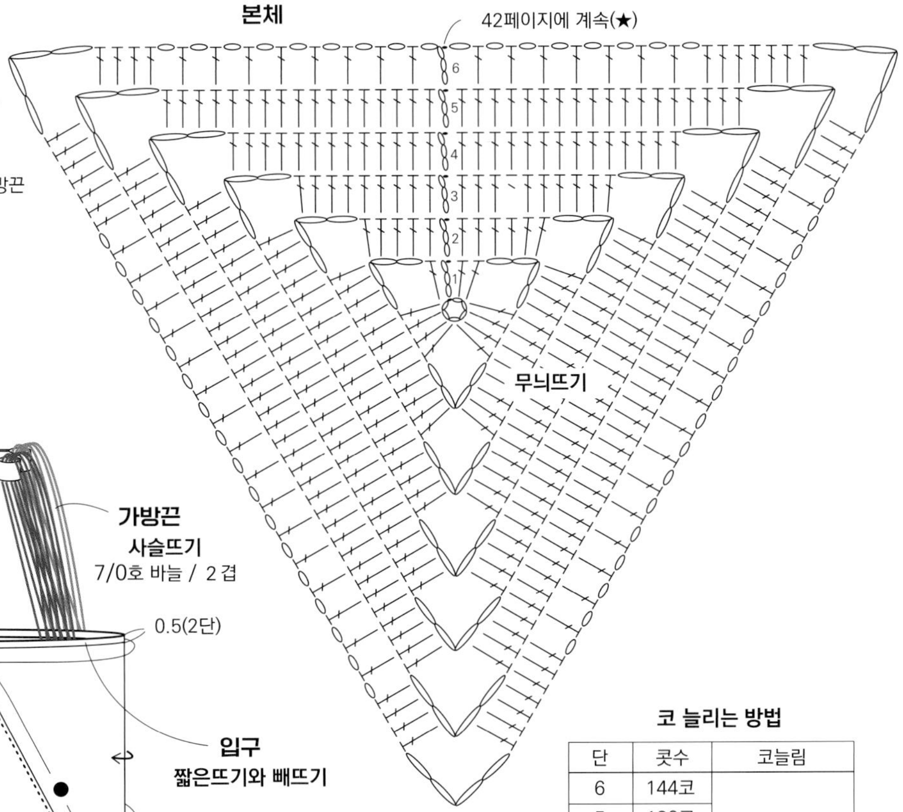

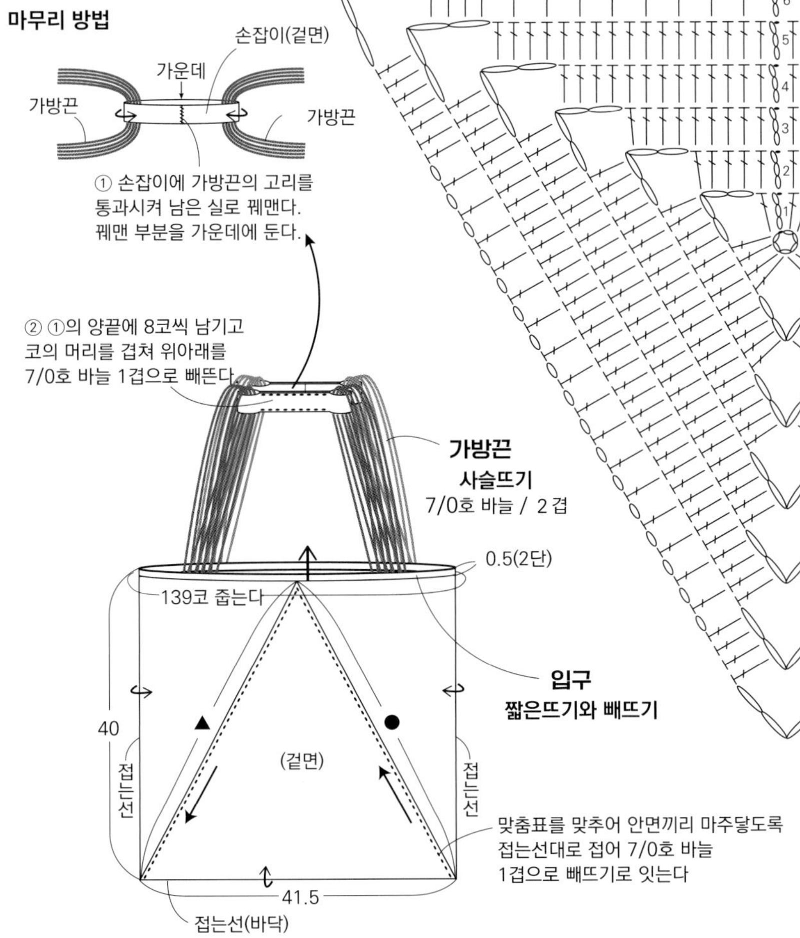

본체 무늬뜨기 7/0호 바늘

83(141코)

옆 / 입구 쪽 / 옆
접는선 / 접는선
28(21단)
기둥코 위치
테두리 중앙 → / ← 테두리 중앙
접는선(바닥)

본체 42페이지에 계속(★)

무늬뜨기

마무리 방법

손잡이(겉면)
가운데
가방끈 / 가방끈

① 손잡이에 가방끈의 고리를
통과시켜 남은 실로 꿰맨다.
꿰맨 부분을 가운데에 둔다.

② ①의 양끝에 8코씩 남기고
코의 머리를 겹쳐 위아래를
7/0호 바늘 1겹으로 빼뜬다

가방끈
사슬뜨기
7/0호 바늘 / 2겹

0.5(2단)
139코 줍는다

입구
짧은뜨기와 빼뜨기

40
접는선 / 접는선
(겉면)

맞춤표를 맞추어 안면끼리 마주닿도록
접는선대로 접어 7/0호 바늘
1겹으로 빼뜨기로 잇는다

41.5
접는선(바닥)

코 늘리는 방법

단	콧수	코늘림
6	144코	
5	120코	단마다
4	96코	24코 늘린다
3	72코	
2	48코	
1	24코	

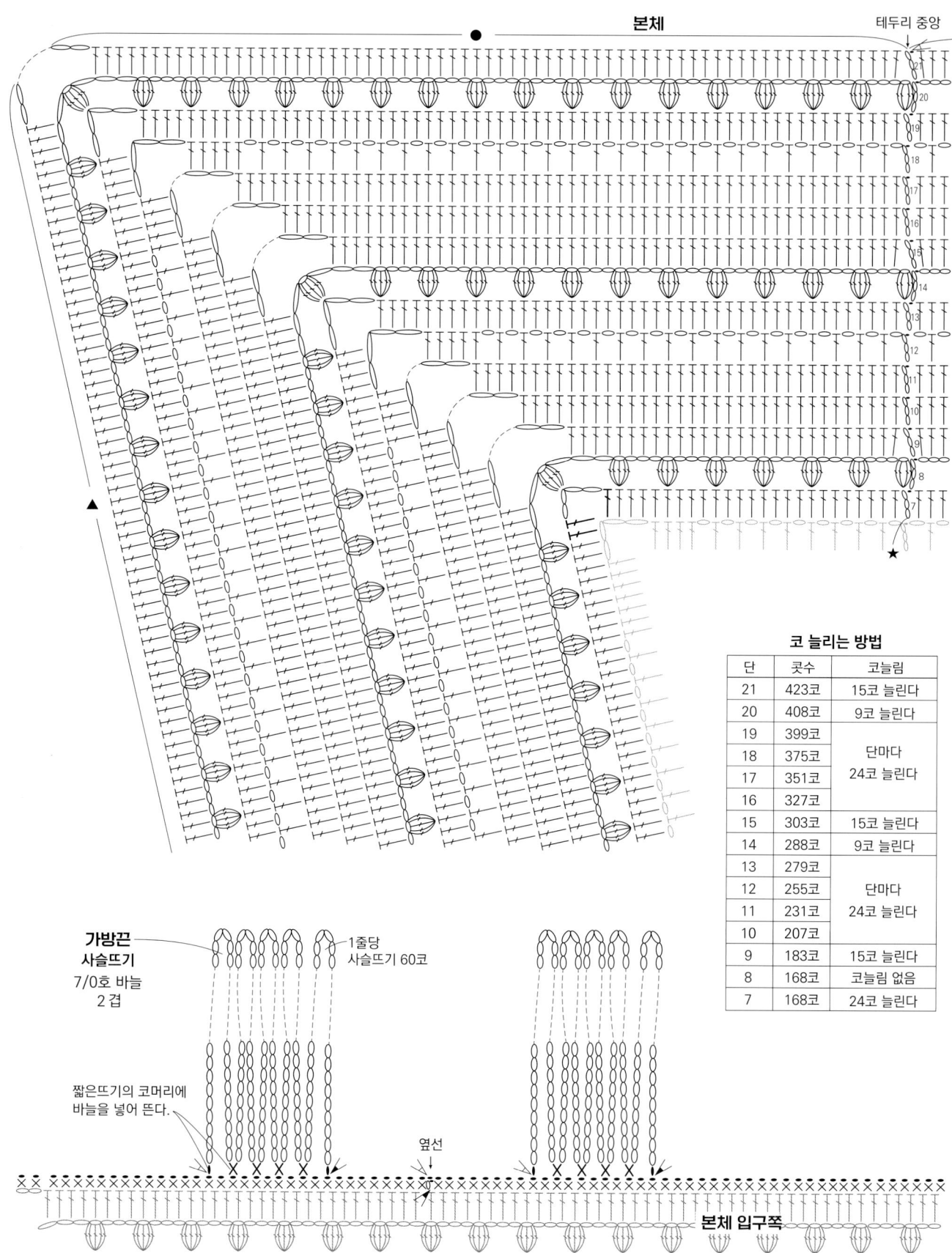

본체

테두리 중앙

가방끈
사슬뜨기
7/0호 바늘
2 겹

1줄당
사슬뜨기 60코

짧은뜨기의 코머리에
바늘을 넣어 뜬다.

옆선

본체 입구쪽

코 늘리는 방법

단	콧수	코늘림
21	423코	15코 늘린다
20	408코	9코 늘린다
19	399코	단마다 24코 늘린다
18	375코	
17	351코	
16	327코	
15	303코	15코 늘린다
14	288코	9코 늘린다
13	279코	단마다 24코 늘린다
12	255코	
11	231코	
10	207코	
9	183코	15코 늘린다
8	168코	코늘림 없음
7	168코	24코 늘린다

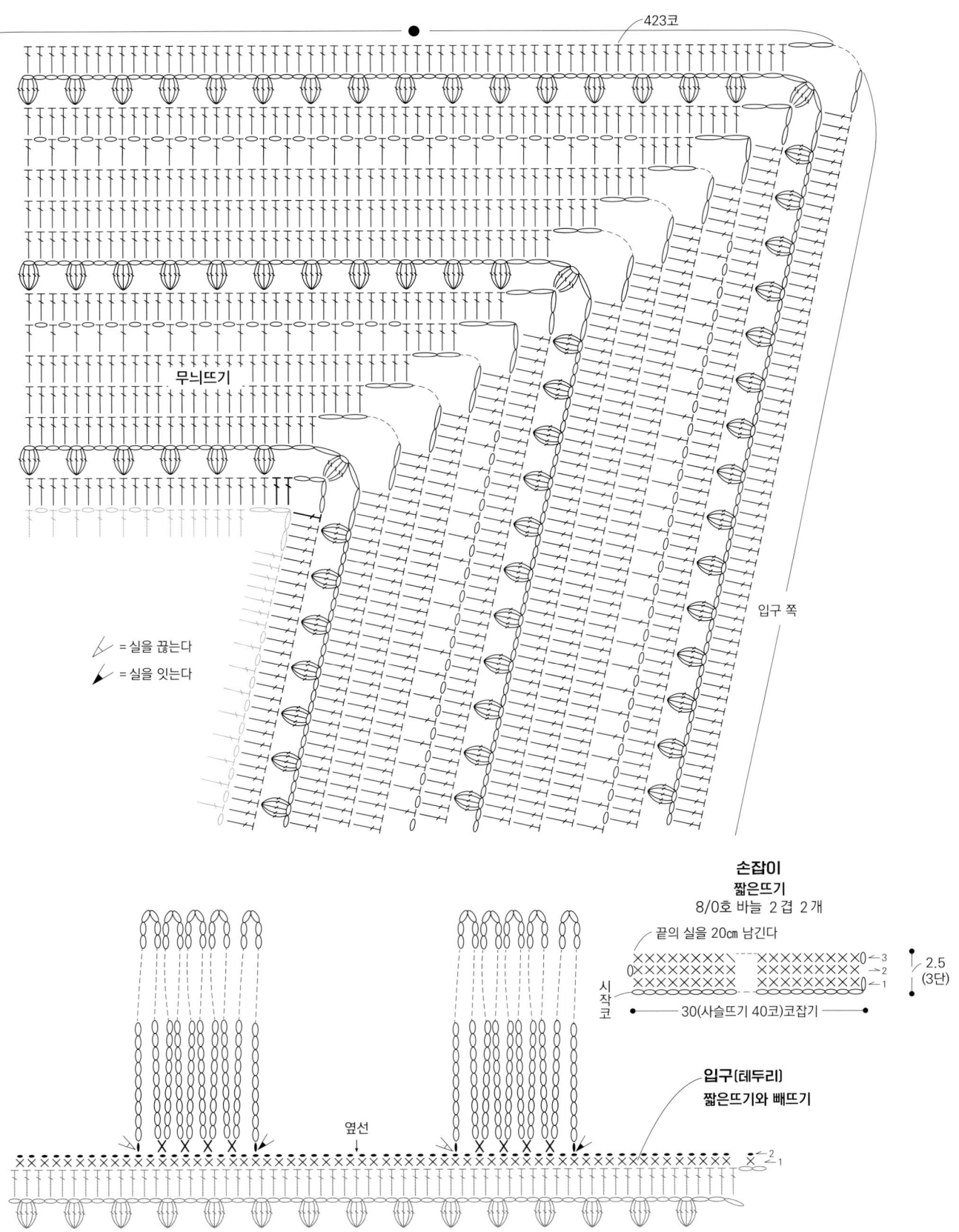

423코

무늬뜨기

= 실을 끊는다
= 실을 잇는다

입구 쪽

손잡이
짧은뜨기
8/0호 바늘 2겹 2개
끝의 실을 20㎝ 남긴다

←3
→2
←1

2.5
(3단)

시작코

30(사슬뜨기 40코)코잡기

입구(테두리)
짧은뜨기와 빼뜨기

옆선

→2
←1

D 프릴 미니 마르쉐 백 ／ photo p.08

[재료]
- 실: 하마나카 에코안다리아(40g/볼)
  - (사진) 왼쪽: 레트로그린(68) 170g
  - (사진) 가운데: 베이지(23)170g
  - (사진) 오른쪽: 레드오렌지(164) 170g
- 바늘: 6/0호 코바늘

[게이지]
짧은뜨기 18코×24단/10cm×10cm

[사이즈]
입구 폭 31cm, 바닥 지름 14cm, 높이 16cm

[뜨는 법]
- 실 1겹으로 뜬다
- 바닥판: 원형으로 코잡기하여 짧은뜨기로 코를 늘려가며 뜬다.
- 옆판: 짧은뜨기로 뜨고, 마지막 단은 짧은뜨기와 사슬뜨기한다. 실을 끊지 않고 쉼코로 둔다.
- 아래 프릴 : 본체의 입구를 앞쪽으로 놓고 새로운 실로 마지막 단의 짧은뜨기 코머리의 앞쪽 반코를 주워 무늬뜨기한다(원통으로 뜨기).
- 위 프릴: 본체의 바닥판을 앞쪽으로 놓고 옆판의 남겨둔 실로 마지막 단의 짧은뜨기 코머리 반코를 주워 무늬뜨기한다.
- 입구: 실을 새로 이어 옆판 36단째의 짧은뜨기 코머리를 주워 뜬다(원통뜨기).
- 손잡이: 사슬뜨기로 80코를 잡아 짧은뜨기와 빼뜨기의 줄기뜨기로 뜬다. 손잡이를 옆판의 안쪽에 꿰매 단다.

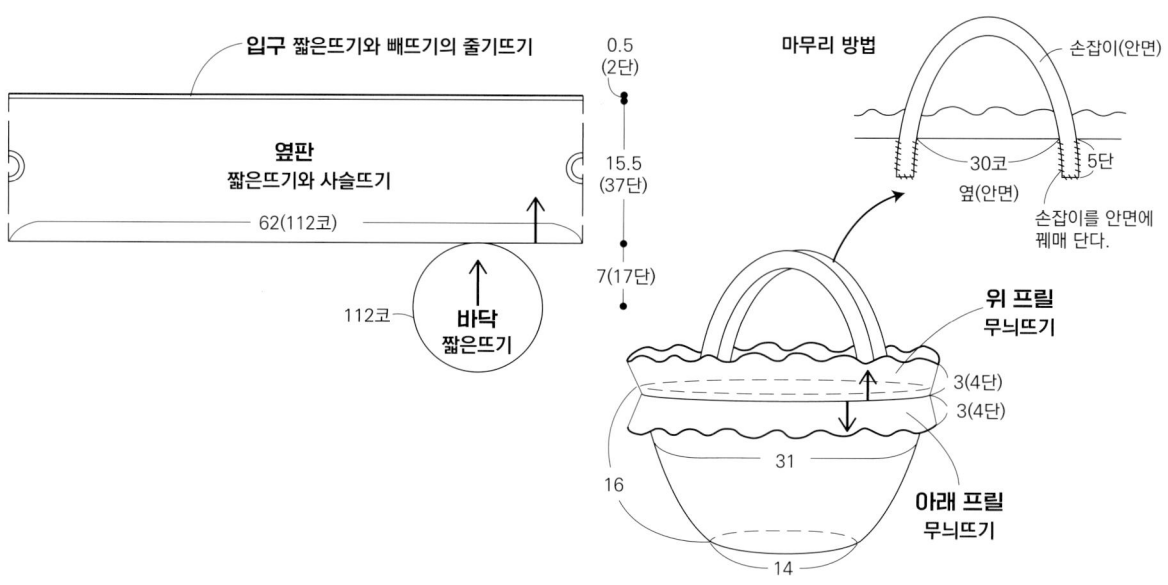

프릴 무늬뜨기

※ 아래 프릴의 첫 단은 본체의 입구를 앞쪽에 두고 옆면 37단째 짧은뜨기 코의 코머리 바깥쪽의 반코를 주워 뜬다.
　위 프릴의 첫 단은 본체의 바닥을 앞쪽에 두고, 옆면 37단째 짧은뜨기 코의 코머리에서 남은 반코를 주워 뜬다.

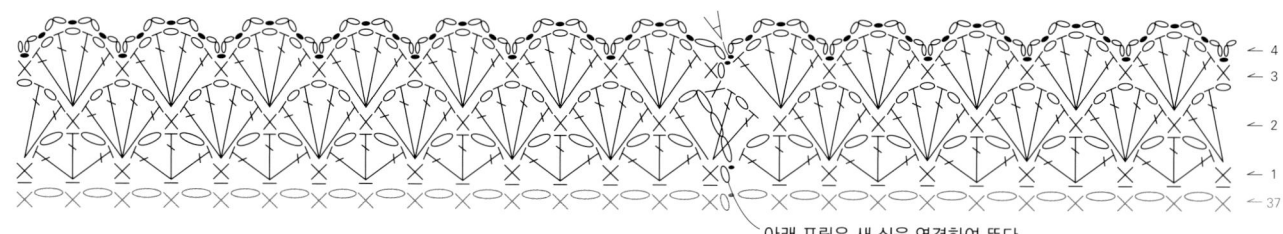

아래 프릴은 새 실을 연결하여 뜬다.
위 프릴은 옆판의 실로 계속 뜬다.

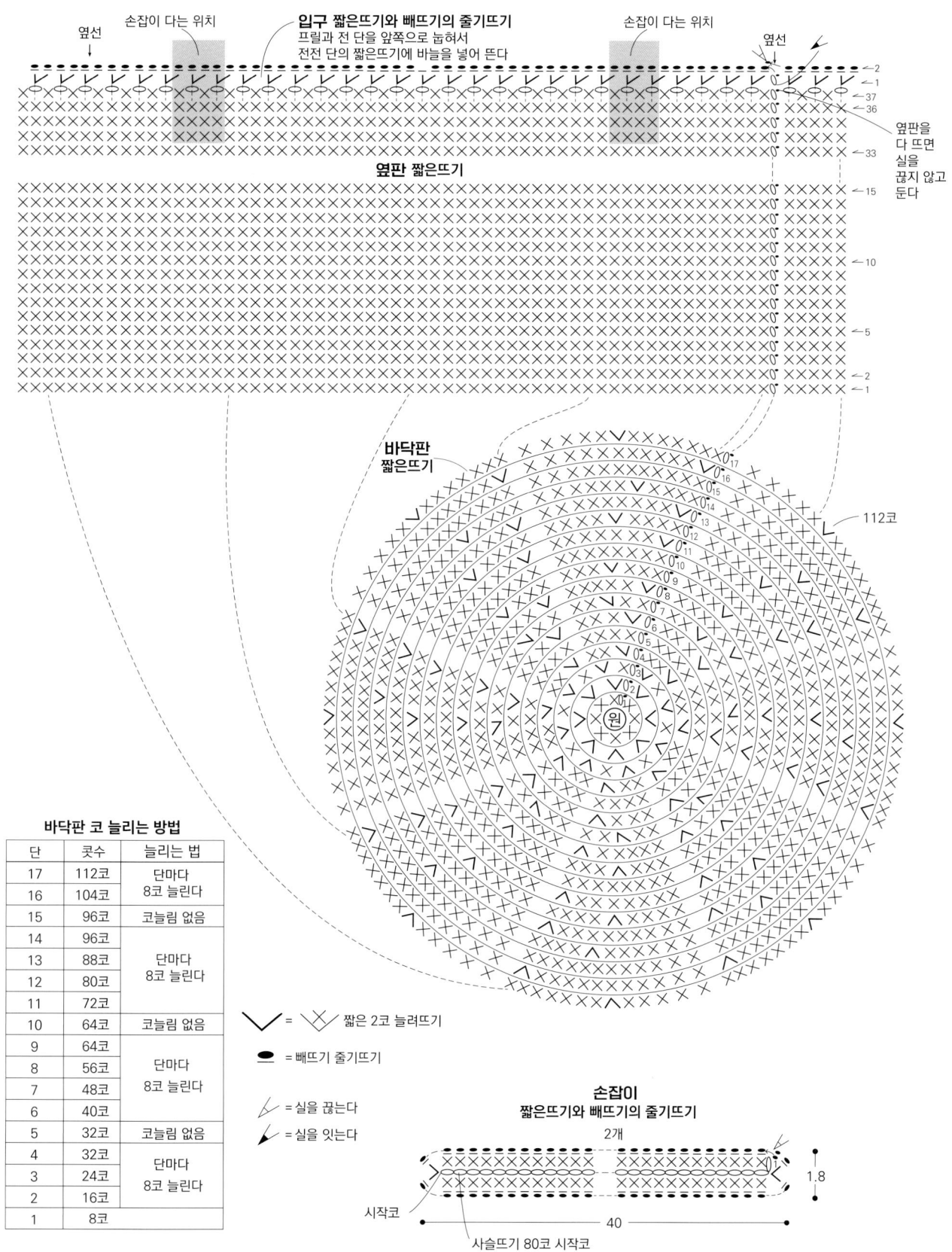

옆선

손잡이 다는 위치

입구 짧은뜨기와 빼뜨기의 줄기뜨기
프릴과 전 단을 앞쪽으로 눕혀서
전전 단의 짧은뜨기에 바늘을 넣어 뜬다

손잡이 다는 위치

옆선

옆선

←2
←1
←37
←36

옆판을
다 뜨면
실을
끊지 않고
둔다

←33

옆판 짧은뜨기

←15

←10

←5

←2
←1

**바닥판
짧은뜨기**

112코

바닥판 코 늘리는 방법

단	콧수	늘리는 법
17	112코	단마다 8코 늘린다
16	104코	
15	96코	코늘림 없음
14	96코	단마다 8코 늘린다
13	88코	
12	80코	
11	72코	
10	64코	코늘림 없음
9	64코	단마다 8코 늘린다
8	56코	
7	48코	
6	40코	
5	32코	코늘림 없음
4	32코	단마다 8코 늘린다
3	24코	
2	16코	
1	8코	

= 짧은 2코 늘려뜨기

= 빼뜨기 줄기뜨기

= 실을 끊는다

= 실을 잇는다

손잡이
짧은뜨기와 빼뜨기의 줄기뜨기
2개

40

1.8

시작코

사슬뜨기 80코 시작코

E 아미시 모자 ／ photo p.10

[재료]
- 실: 하마나카 에코안다리아(40g/볼) 베이지(23)150g
- 바늘: 5/0호, 6/0호 코바늘
- 기타: 그로그랭(올이 조밀하고 뚜렷한 가로무늬가 있는 직물) 리본
  검정 200cm (폭 3.5cm)

[게이지]
짧은뜨기 20코×20단/10cm×10cm
무늬뜨기 20코×7단/1무늬(10cm×3cm)

[사이즈]
머리둘레 56cm, 높이 8cm

[뜨는 법]
- 실 1겹, 지정된 호수의 바늘로 뜬다.
- 톱: 5/0호 바늘로 원형 코잡기를 하고 짧은뜨기로 코를 늘려
  가며 뜬다.
- 옆판: 6/0호 바늘로 바꿔서 1단째를 짧은뜨기 뒤걸어뜨기
  로, 2단째 이후는 무늬뜨기로 코늘림/줄임 없이 뜬다.
- 챙: 무늬뜨기로 코를 늘려가며 뜬다. 뜨는 도중에 리본 통과
  구멍을 사슬뜨기로 떠서 리본을 끼운다.
- ※ 옆판, 챙의 빼뜨기는 코가 당겨지기 쉬우므로 주의한다.
  코가 빡빡하면 바늘 호수를 높여서 떠도 좋다.

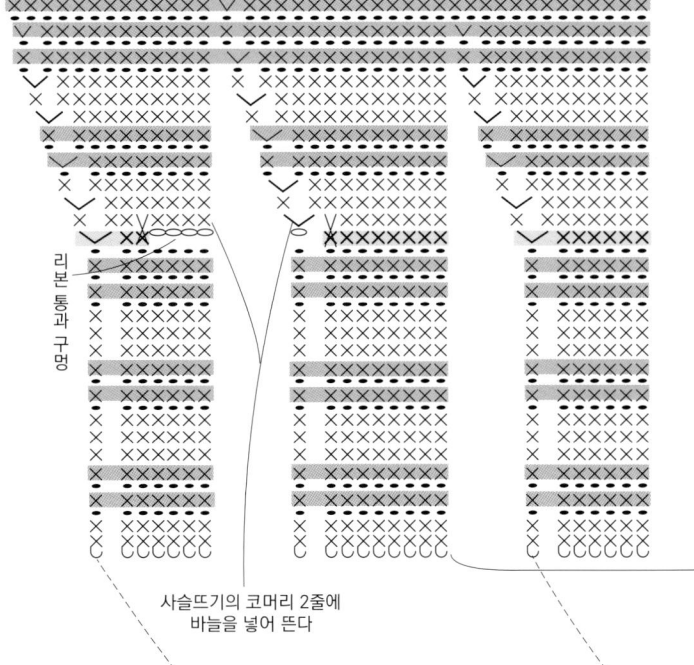

리본
통과
구멍

사슬뜨기의 코머리 2줄에
바늘을 넣어 뜬다

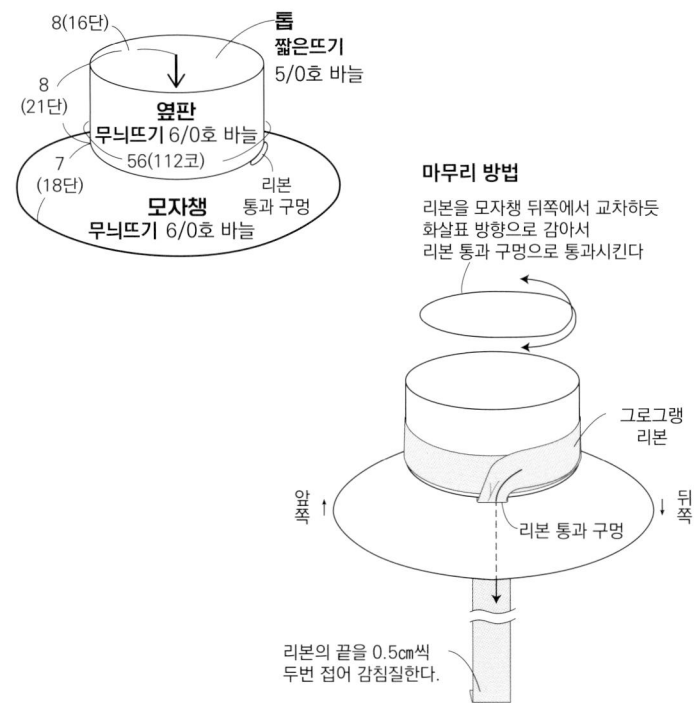

8(16단)
톱
짧은뜨기
5/0호 바늘
8
(21단)
옆판
무늬뜨기 6/0호 바늘
56(112코)
리본
통과 구멍
7
(18단)
모자챙
무늬뜨기 6/0호 바늘

마무리 방법
리본을 모자챙 뒤쪽에서 교차하듯
화살표 방향으로 감아서
리본 통과 구멍으로 통과시킨다

그로그랭
리본

앞
쪽

뒤
쪽

리본 통과 구멍

리본의 끝을 0.5cm씩
두번 접어 감침질한다.

옆판, 모자챙의 코 늘리는 방법

	단수	콧수	늘리는 법
모자챙	18	196코	코늘림 없음
	17	196코	7코 늘린다
	16	189코	코늘림 없음
	15	189코	7코 늘린다
	14	182코	코늘림 없음
	13	182코	7코 늘린다
	12	175코	코늘림 없음
	11	175코	단마다 7코 늘린다
	10	168코	
	9	161코	
	8	154코	
	7	147코	코늘림 없음
	6	147코	7코 늘린다
	5	140코	코늘림 없음
	4	140코	단마다 7코 늘린다
	3	133코	
	2	126코	
	1	119코	
옆판	1~21	112코	코늘림 없음

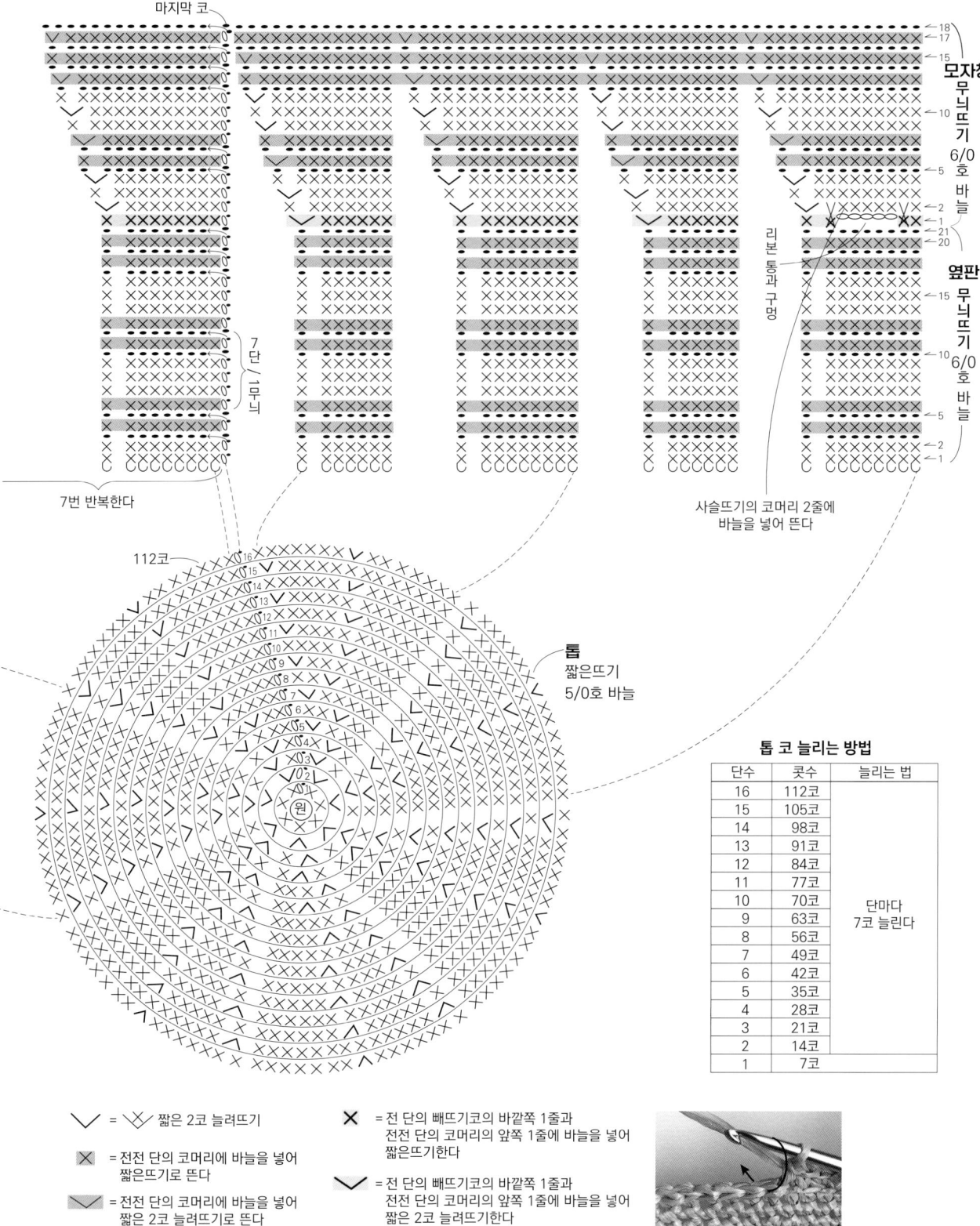

마지막 코

7 단 / 1 무늬

7번 반복한다

112코

원

모자챙
무늬뜨기
6/0
호
바늘

옆판
무늬뜨기
6/0
호
바늘

리본 통과 구멍

사슬뜨기의 코머리 2줄에
바늘을 넣어 뜬다

톱
짧은뜨기
5/0호 바늘

톱 코 늘리는 방법

단수	콧수	늘리는 법
16	112코	
15	105코	
14	98코	
13	91코	
12	84코	
11	77코	
10	70코	단마다
9	63코	7코 늘린다
8	56코	
7	49코	
6	42코	
5	35코	
4	28코	
3	21코	
2	14코	
1	7코	

∨ = 짧은 2코 늘려뜨기

⊠ = 전전 단의 코머리에 바늘을 넣어
짧은뜨기로 뜬다

∨ = 전전 단의 코머리에 바늘을 넣어
짧은 2코 늘려뜨기로 뜬다

✕ = 전 단의 빼뜨기코의 바깥쪽 1줄과
전전 단의 코머리의 앞쪽 1줄에 바늘을 넣어
짧은뜨기한다

∨ = 전 단의 빼뜨기코의 바깥쪽 1줄과
전전 단의 코머리의 앞쪽 1줄에 바늘을 넣어
짧은 2코 늘려뜨기한다

✕ = 전 단의 짧은뜨기와 같은 위치에 바늘을 넣어
전 단의 코를 감아서 짧은뜨기한다

모자챙의 첫 단.
전 단의 빼뜨기코의 바깥쪽 1가닥과
전전 단 코머리의 앞쪽 1가닥에
바늘을 넣는다.

F 다이아무늬 클러치 ／ photo p.11

[재료]

· 실: 하마나카 에코안다리아(40g/볼) 블랙(30)110g

· 바늘: 5/0호 코바늘

· 기타: 자석 똑딱단추 14㎜(금색/H206-043-1) 1쌍

[게이지]

짧은뜨기 19코×21.5단/10㎝×10㎝

무늬뜨기 19코×21.5단/10㎝×10㎝

[사이즈]

폭 16.5㎝, 높이 19.5㎝, 두께 4.5㎝

[뜨는 법]

· 실 1겹으로 뜬다.

· 바닥판: 사슬뜨기로 25코를 잡아 짧은뜨기로 코를 늘려가며 뜬다.

· 앞/옆판: 무늬뜨기로 41번째 단까지 뜬 후 실을 끊지 않고 쉼코로 둔다.

· 뚜껑 : 사슬뜨기 7코를 잡아 짧은뜨기로 코를 늘려가며 평면뜨기로 뜬다.
자석 똑딱단추를 단다. 쉼코로 두었던 실로 마지막 단을 떠가면서, 지정된
위치의 안면에 뚜껑을 겹쳐서 떠 잇는다.

· 새우뜨기로 끈을 떠서 옆판의 안면에 꿰매 단다.

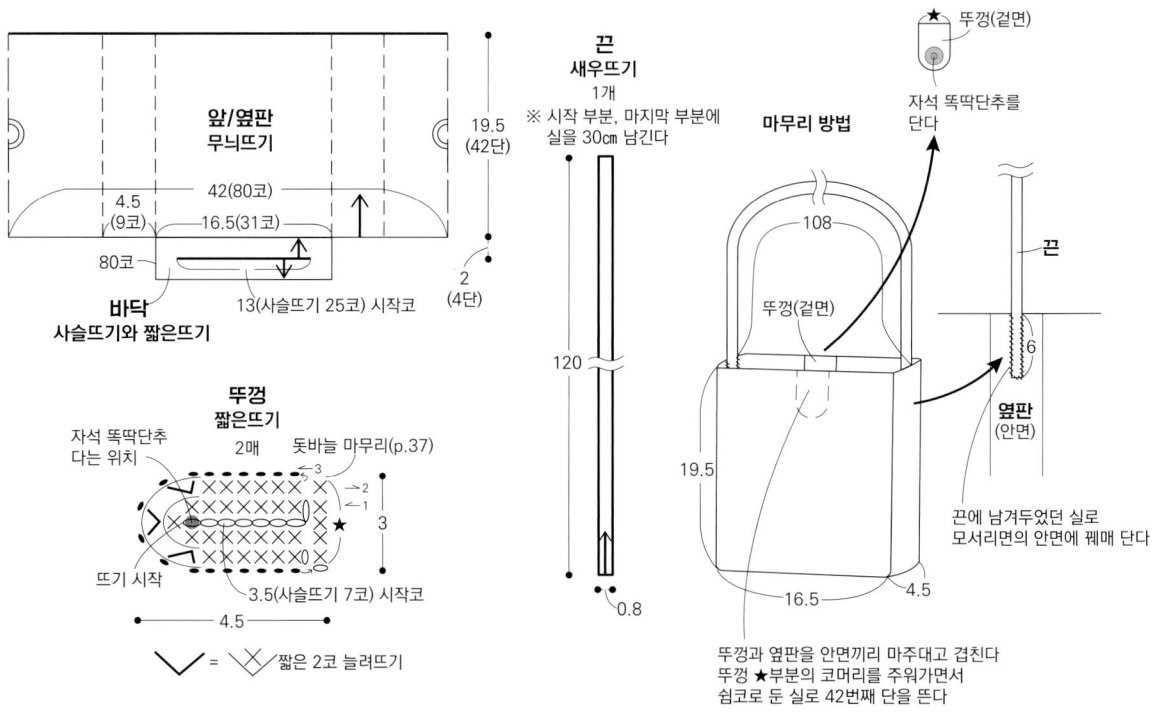

새우뜨기

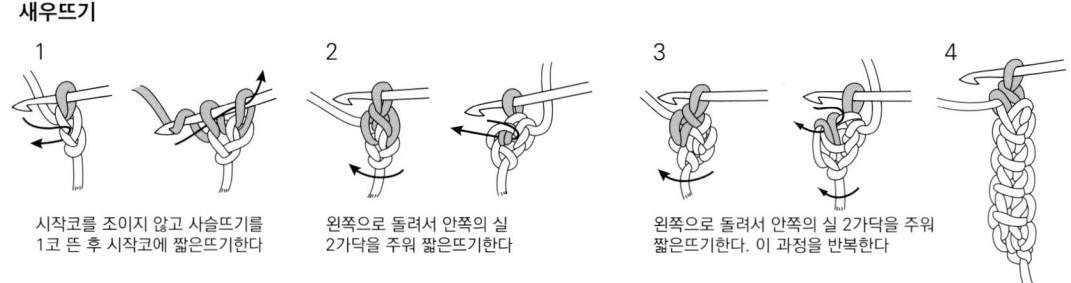

1 시작코를 조이지 않고 사슬뜨기를
1코 뜬 후 시작코에 짧은뜨기한다

2 왼쪽으로 돌려서 안쪽의 실
2가닥을 주워 짧은뜨기한다

3 왼쪽으로 돌려서 안쪽의 실 2가닥을 주워
짧은뜨기한다. 이 과정을 반복한다

4

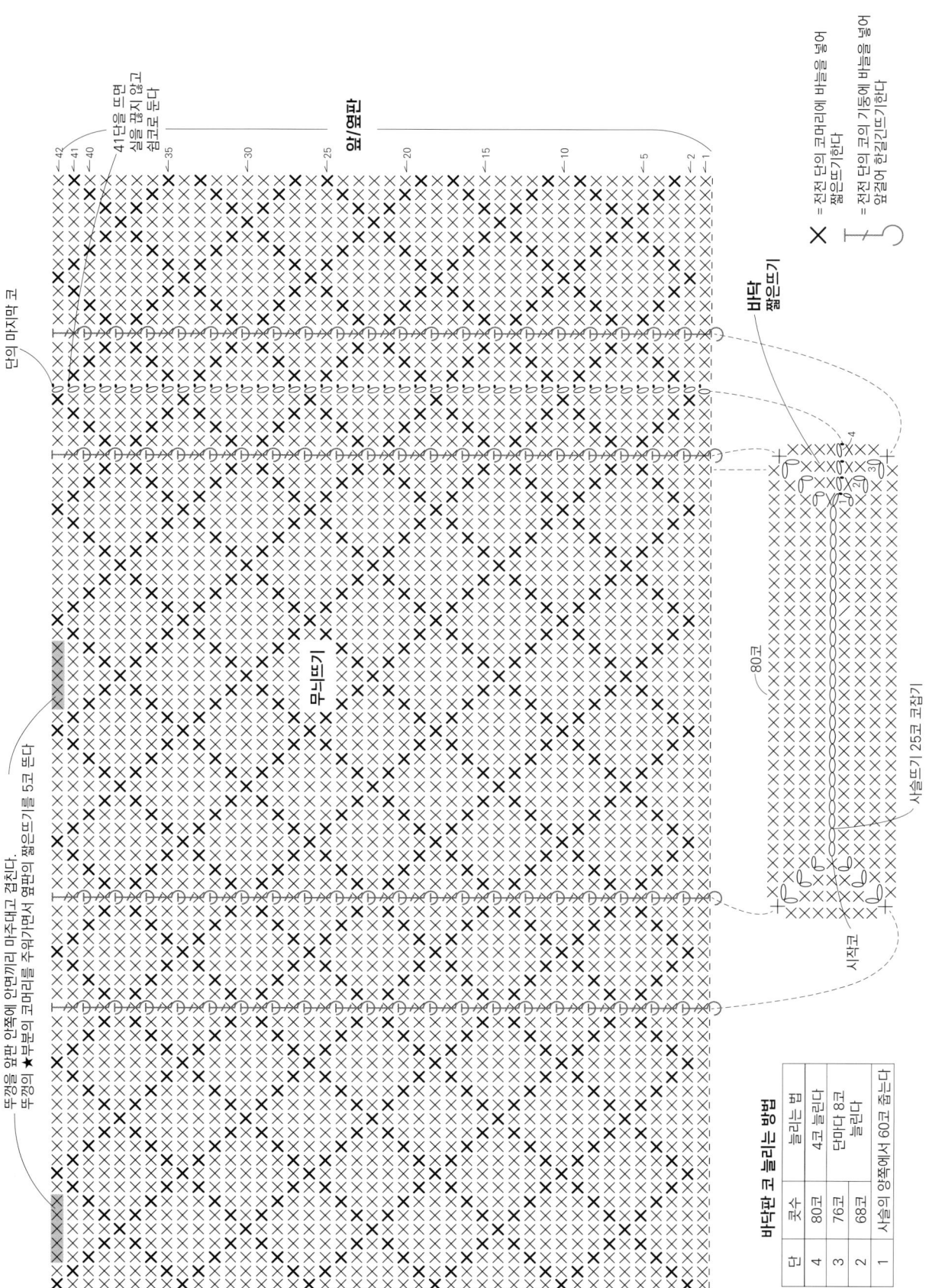

단의 마지막 코

41단을 뜨면
실을 끊지 않고
쉼코로 둔다

앞/옆판

← 42
← 41
← 40
← 35
← 30
← 25
← 20
← 15
← 10
← 5
← 2
← 1

뚜껑을 앞판 안쪽에 안면끼리 마주대고 겹친다.
뚜껑의 ★부분의 코머리를 주워가면서 앞판의 짧은뜨기를 5코 뜬다

무늬뜨기

바닥
짧은뜨기

시작코

80코

사슬뜨기 25코 코잡기

$\times$ = 전전 단의 코머리에 바늘을 넣어
짧은뜨기한다

= 전전 단의 코의 기둥에 바늘을 넣어
앞쪽에 한길긴뜨기한다

바닥판 코 늘리는 방법

단	콧수	늘리는 법
4	80코	4코 늘린다
3	76코	단마다 8코 늘린다
2	68코	
1	사슬의 양쪽에서 60코 줍는다	

49

G 플랫 토트백 ／ photo p.12

[재료]
- 실: 하마나카 에코안다리아(40g/볼)
  실버(174)165g, 화이트(1)35g
- 바늘: 5/0호 코바늘

[게이지]
한길긴뜨기 21코×7.5단/10cm×10cm

[사이즈] 폭 37cm, 높이 30.5cm

[뜨는 법]
- 실은 한겹으로, 지정된 색상으로 뜬다.
- 본체: 사슬뜨기로 13코 시작코를 잡는다. 한길긴뜨기로 빙 둘러 뜬다. 같은 모양으로 2장 뜬다. 본체 2장을 안면끼리 마주대고 겹쳐서 짧은뜨기로 잇는다. 입구에 실을 이어서 짧은뜨기한다
- 사슬뜨기로 70코 시작코를 잡아 짧은뜨기로 코를 늘려가며 손잡이를 뜬다. 손잡이의 위아래를 맞대어 양쪽의 코를 남기고 감침질로 꿰매어 잇는다. 손잡이를 본체 입구에 꿰매 단다.

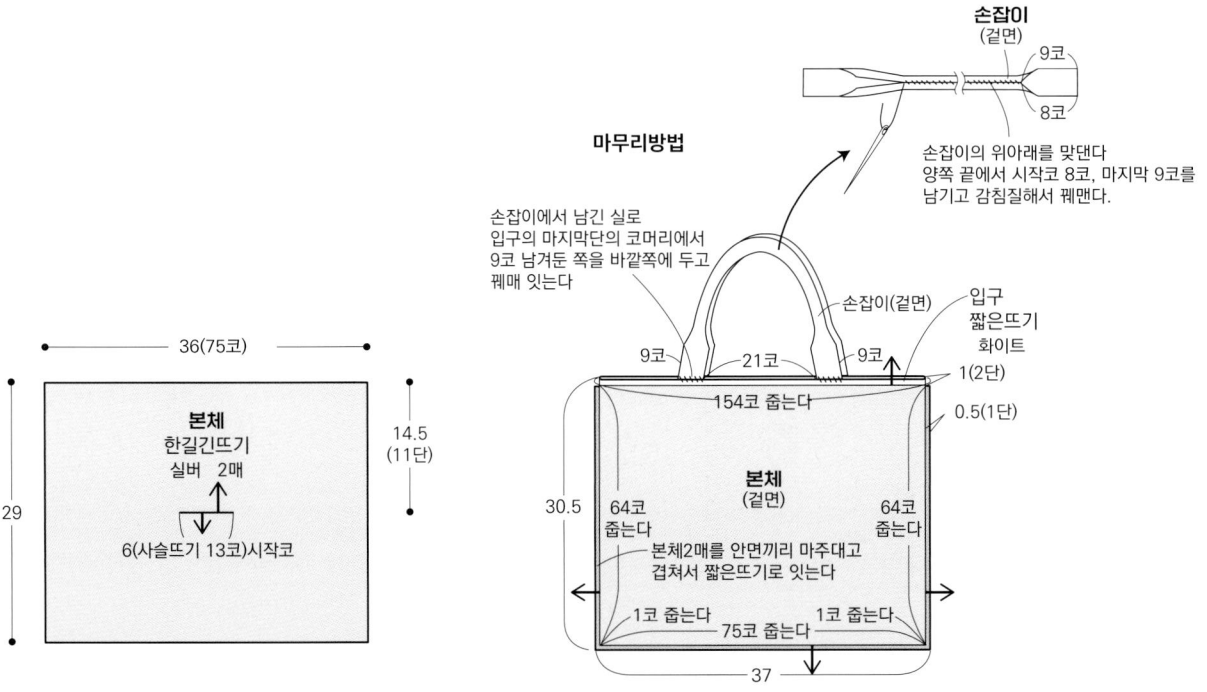

손잡이
(겉면)
9코
8코

손잡이의 위아래를 맞댄다
양쪽 끝에서 시작코 8코, 마지막 9코를
남기고 감침질해서 꿰맨다.

마무리방법

손잡이에서 남긴 실로
입구의 마지막단의 코머리에서
9코 남겨둔 쪽을 바깥쪽에 두고
꿰매 잇는다

손잡이(겉면)

9코   21코   9코

154코 줍는다

입구
짧은뜨기
화이트

1(2단)

0.5(1단)

본체
(겉면)

30.5   64코
줍는다   64코
                줍는다

본체2매를 안면끼리 마주대고
겹쳐서 짧은뜨기로 잇는다

1코 줍는다   1코 줍는다

75코 줍는다

37

36(75코)

본체
한길긴뜨기
실버 2매

6(사슬뜨기 13코)시작코

14.5
(11단)

29

손잡이
짧은뜨기
화이트 2개

※ 시작점과 끝 부분에는 실을 30cm 남긴다

←6
→5
←4
→3
←2
→1

3.5
(5단)

42(사슬뜨기 70코)시작코

시작점

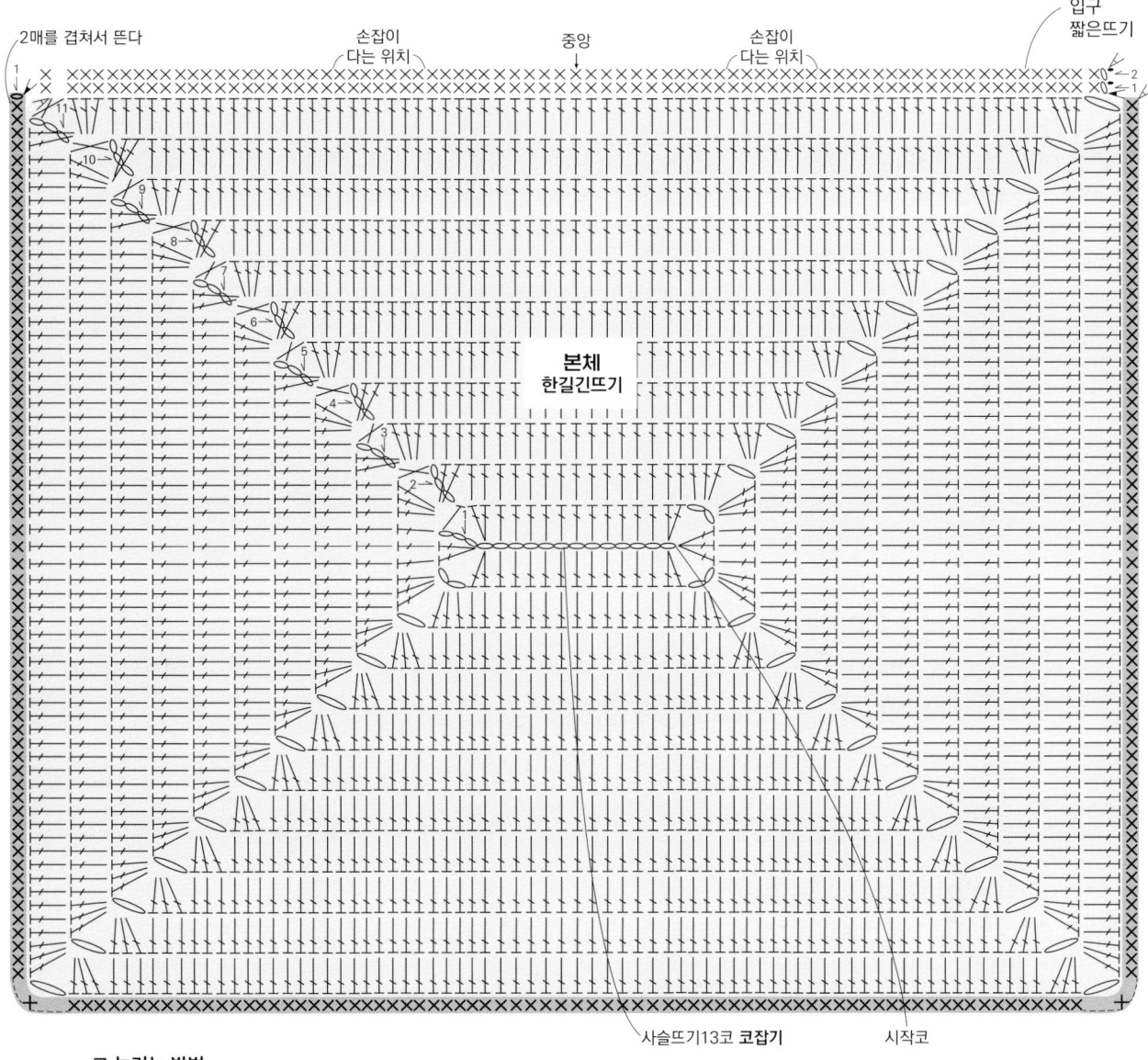

본체
한길긴뜨기

2매를 겹쳐서 뜬다
손잡이 다는 위치
중앙
손잡이 다는 위치
입구 짧은뜨기

사슬뜨기13코 **코잡기**
시작코

코 늘리는 방법
※ 모서리의 사슬뜨기, 단 끝의 콧수는 제외한다

단	콧수	늘리는 법
11	276코	
10	252코	
9	228코	
8	204코	단마다
7	180코	24코씩
6	156코	늘린다
5	132코	
4	108코	
3	84코	
2	60코	
1	사슬의 양쪽에서 36코 줍는다	

배색

= 실버

= 화이트

= 짧은뜨기 2 코 늘려뜨기

= 실을 끊는다

= 실을 잇는다

H 2색 반원 파우치 / photo p.13

[재료]

- 실: 하마나카 에코안다리아(40g/볼)
  - 빨간색 계열 – 핑크(71), 레드오렌지(164)각 30g
  - 파란색 계열 – 민트(902), 라이트블루(66)각 30g
- 바늘: 6/0호 코바늘
- 기타: 20cm 지퍼 1 개
  - (빨간색 계열 – 레드, 파란색 계열 – 화이트),
  - 재봉실

[게이지] 짧은 이랑뜨기 20코×21단/10cm×10cm

[사이즈] 폭 20cm, 높이 16cm, 두께 1cm

[뜨는 법]

- 실 1겹, 지정된 색상으로 뜬다.
- 본체: 사슬뜨기로 시작코를 22코 잡아 짧은 이랑뜨기로 양쪽에서 코를 늘려가며 원형으로 뜨고 다 뜨면 실을 끊는다.
- 옆판: 사슬뜨기로 20코 시작코를 잡아 짧은뜨기로 뜬다.
- 본체를 바닥판에서 한 번 접고, 옆판과 안면끼리 마주대고 겹쳐서 본체의 맨마지막단의 지정된 위치에 빼뜨기로 잇는다.
- 지퍼를 박음질하여 달고 태슬을 만들어서 지퍼고리의 구멍에 끼워 단다.

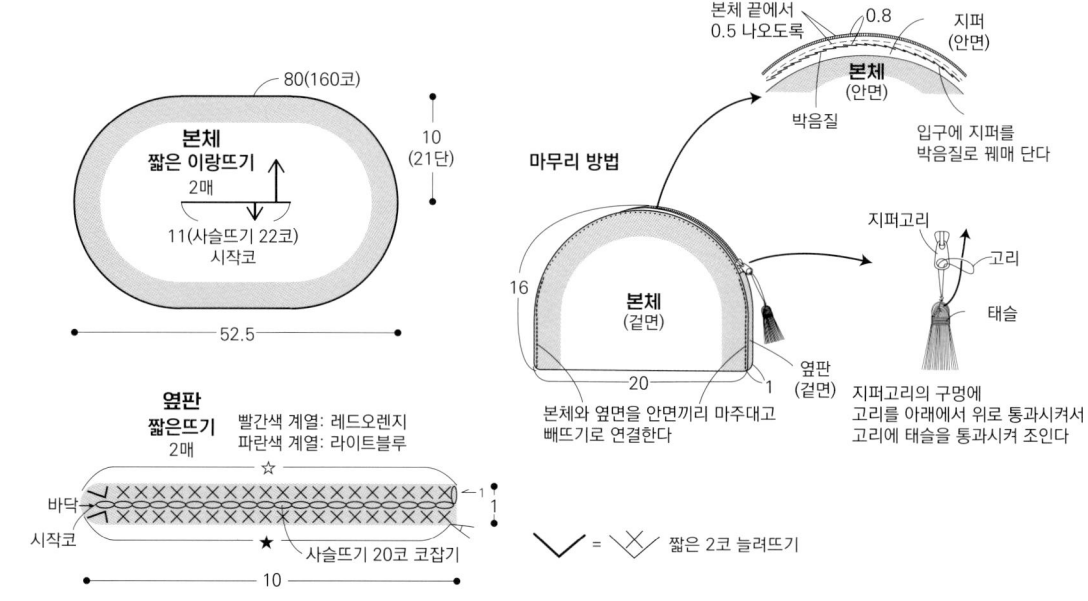

태슬 만드는 법

빨간색 계열: 레드오렌지
파란색 계열: 라이트블루

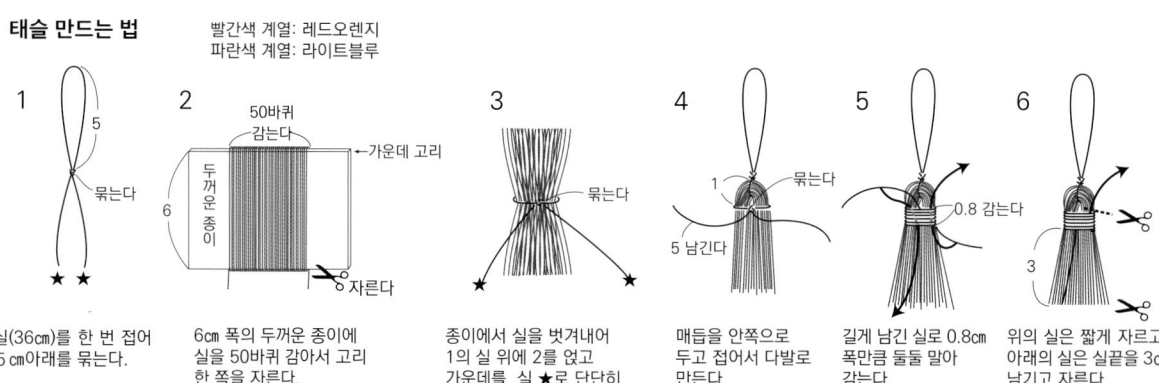

1. 실(36cm)를 한 번 접어 5 cm아래를 묶는다.

2. 6cm 폭의 두꺼운 종이에 실을 50바퀴 감아서 고리 한 쪽을 자른다.

3. 종이에서 실을 벗겨내어 1의 실 위에 2를 얹고 가운데를 실 ★로 단단히 묶는다. (그림 4의 윗부분 참조)

4. 매듭을 안쪽으로 두고 접어서 다발로 만든다. 별도의 실로(60cm) 1cm아래를 묶고 실끝을 5cm 남긴다.

5. 길게 남긴 실로 0.8cm 폭만큼 둘둘 말아 감는다. 실끝을 돗바늘에 꿰어 화살표 방향으로 통과시킨다.

6. 위의 실은 짧게 자르고, 아래의 실은 실끝을 3cm 남기고 자른다. 태슬에 스팀다리미질을 하여 정리한다

본체
짧은 이랑뜨기
2매

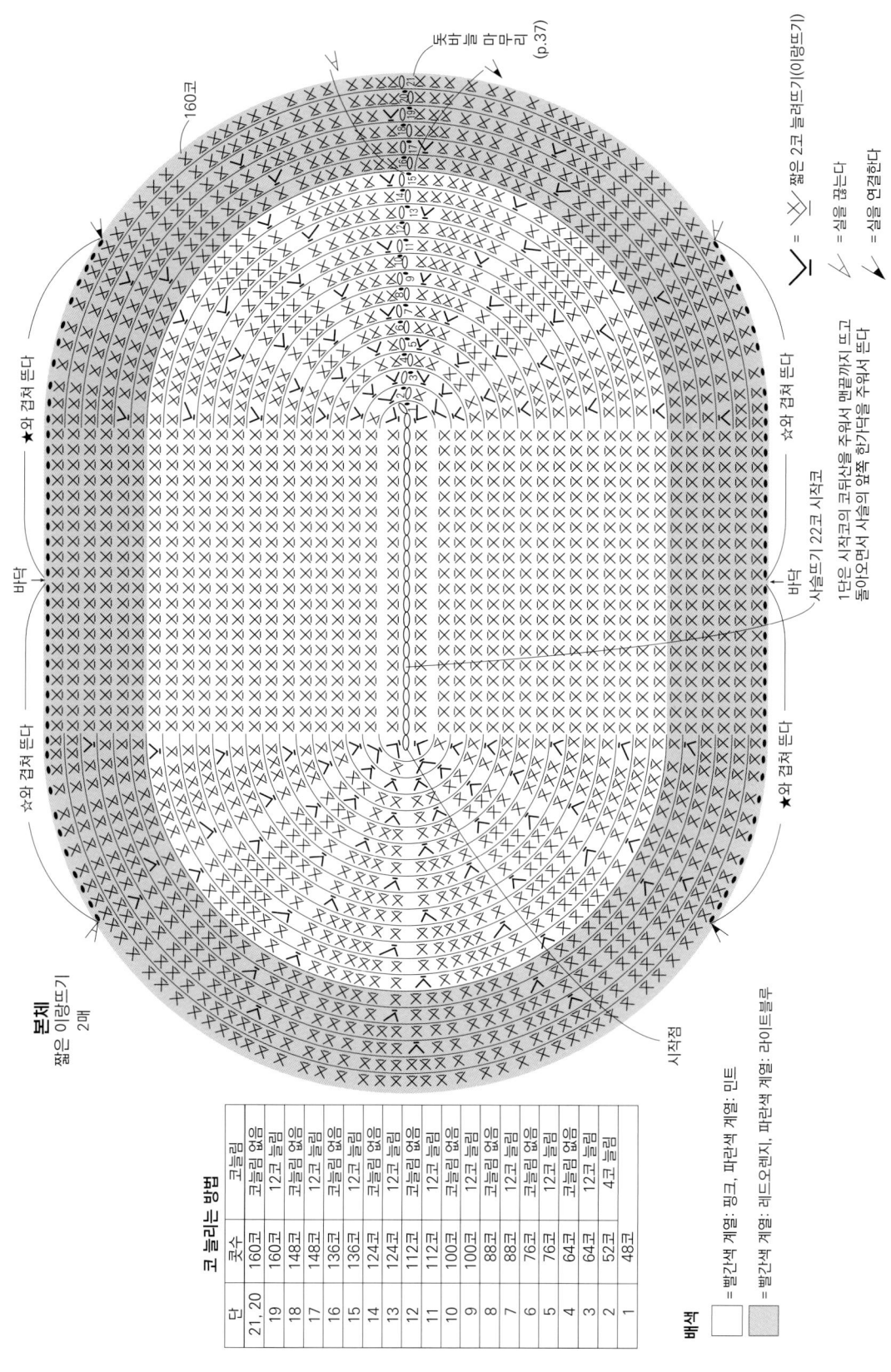

빼뜨기 마무리 (p.37)

160코

★와 겹쳐 뜬다

바닥

☆와 겹쳐 뜬다

☆와 겹쳐 뜬다

★와 겹쳐 뜬다

바닥

사슬뜨기 22코 시작코

1단은 시작코의 코뒷산을 주워서 맨끝까지 뜨고
돌아오면서 사슬의 시슬이 앞쪽 한가닥을 주워서 뜬다

시작점

⋎ = 짧은 2코 늘려뜨기(이랑뜨기)

↗ = 실을 끊는다

➘ = 실을 연결한다

코 늘리는 방법

단	콧수	코늘림
21, 20	160코	코늘림 없음
19	160코	12코 늘림
18	148코	코늘림 없음
17	148코	12코 늘림
16	136코	코늘림 없음
15	136코	12코 늘림
14	124코	코늘림 없음
13	124코	12코 늘림
12	112코	12코 늘림
11	112코	코늘림 없음
10	100코	12코 늘림
9	100코	코늘림 없음
8	88코	12코 늘림
7	88코	코늘림 없음
6	76코	12코 늘림
5	76코	코늘림 없음
4	64코	12코 늘림
3	64코	코늘림 없음
2	52코	12코 늘림
1	48코	4코 늘림

배색

■ = 빨간색 계열: 핑크, 파란색 계열: 민트

■ = 빨간색 계열: 레드/오렌지, 파란색 계열: 라이트블루

J 해바라기 모티브 백 ╱ photo p.14

[재료]

· 실: 하마나카 에코안다리아(40g/볼)

　　머스터드(139)105g, 아이보리(168)70g

· 바늘: 5/0호 코바늘

[게이지]

모티브 7.5×7.5㎝

짧은뜨기 4코×19단/2.5㎝×10㎝

[사이즈] 폭 26㎝, 높이 30㎝

[뜨는 법]

· 실은 한겹으로, 지정된 색상으로 뜬다.

· 앞뒤판: 원형코잡기하여 모티브를 도안대로 28장 뜬다. 모티브를 반코씩 감침질해 이어서 가방 모양으로 만든다.

· 손잡이: 사슬뜨기 4코로 코잡아 짧은뜨기한다(평면뜨기). 이어서 둘레를 빼뜨기로 뜬다. 손잡이를 앞뒤판의 안면에 꿰매 단다.

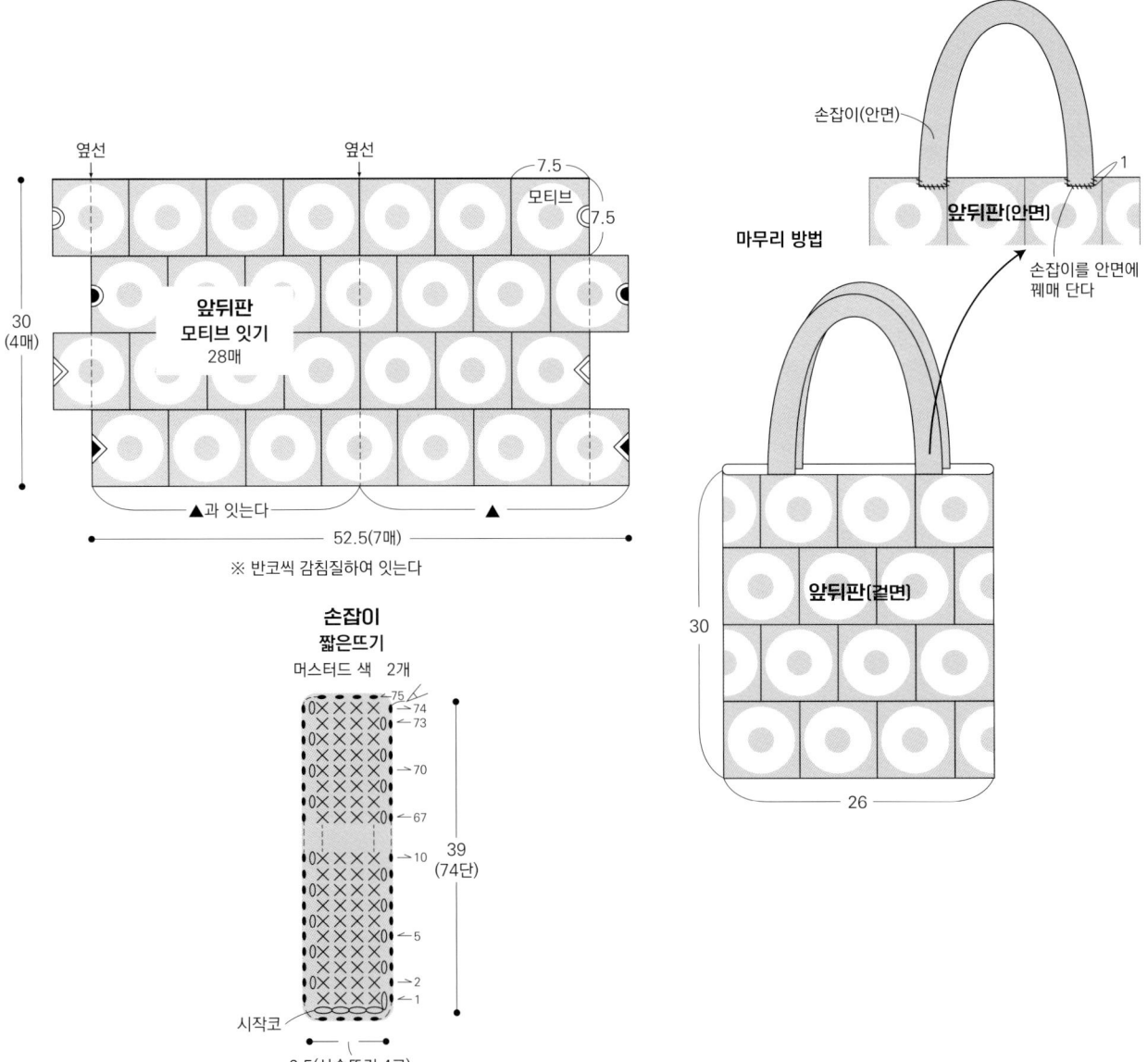

옆선　　옆선

7.5

모티브

7.5

30
(4매)

앞뒤판
모티브 잇기
28매

▲과 잇는다　　▲

52.5(7매)

※ 반코씩 감침질하여 잇는다

손잡이
짧은뜨기
머스터드 색　2개

시작코

2.5(사슬뜨기 4코)
시작코

손잡이(안면)

1

앞뒤판[안면]

마무리 방법

손잡이를 안면에
꿰매 단다

앞뒤판[겉면]

30

26

앞뒤판
모티브 연결하기

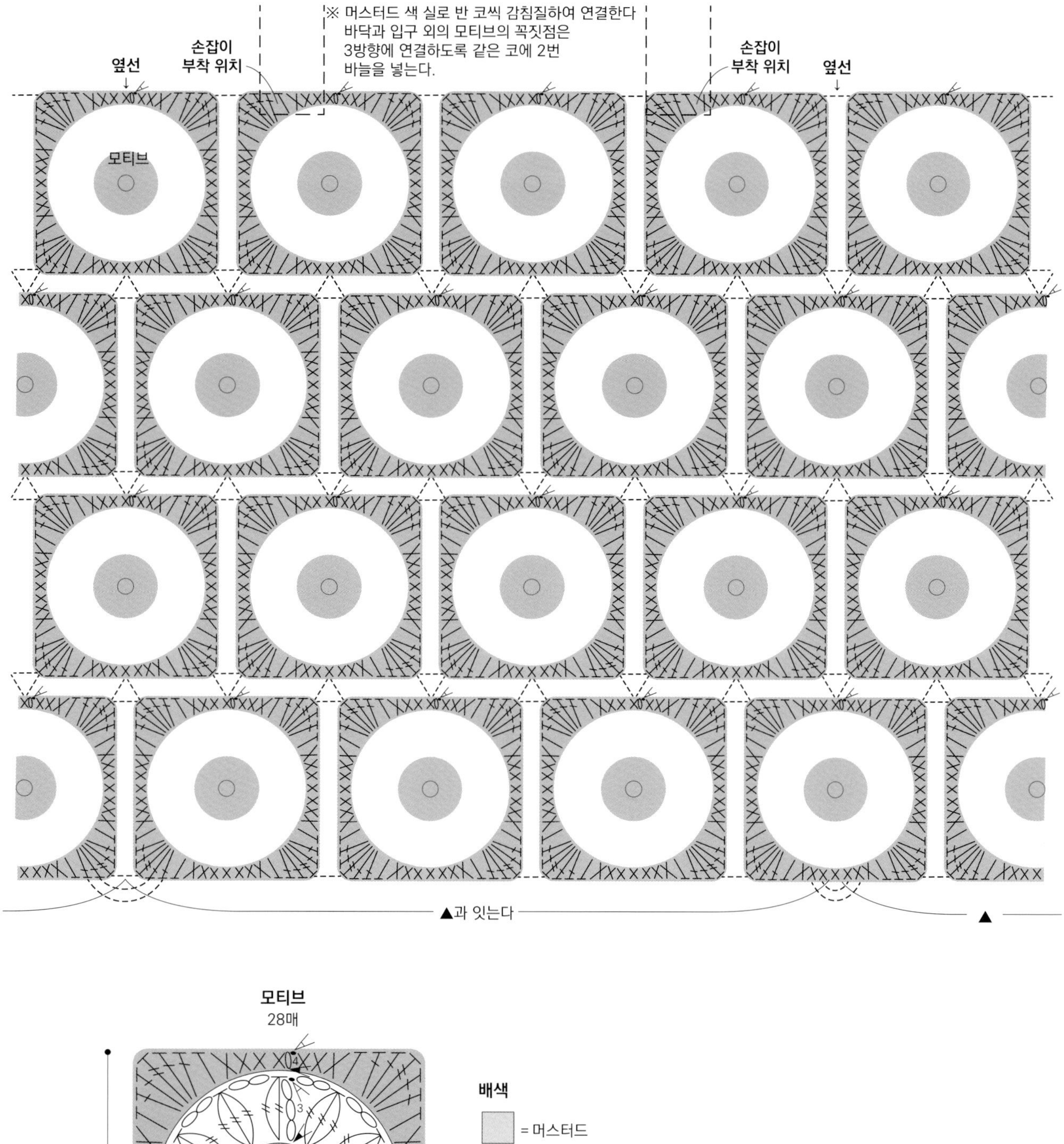

※ 머스터드 색 실로 반 코씩 감침질하여 연결한다
바닥과 입구 외의 모티브의 꼭짓점은
3방향에 연결하도록 같은 코에 2번
바늘을 넣는다.

옆선　　손잡이 부착 위치　　　　　　　　　　　　　　　손잡이 부착 위치　　옆선

모티브

▲과 잇는다　　　　　　　　　　　　　　　　　　　　▲

모티브
28매

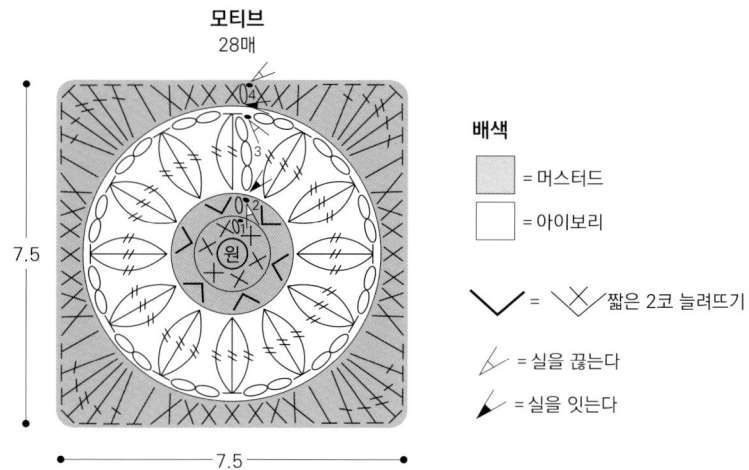

7.5

7.5

배색

□ = 머스터드

□ = 아이보리

∨ = ＼╳／ 짧은 2코 늘려뜨기

╱ = 실을 끊는다

╱ = 실을 잇는다

J 비침무늬 모자 / photo p.15

[재료]

- 실: 하마나카 에코안다리아(40g/볼) 다크브라운(159)130g
- 바늘: 5/0호 코바늘
- 기타: 하마나카 테크노로토(H204-593) 130cm

   하마나카 열수축튜브(H204-605) 5cm

[게이지]

무늬뜨기A 20코×12단/10cm×10cm

무늬뜨기B 20코×9단/10cm×10cm

[사이즈]

머리둘레 60cm , 높이 17.5cm

[뜨는 법]

- 실 1겹으로 뜬다.
- 톱: 원형코잡기 하여 무늬뜨기A로 코를 늘려가며 뜬다.
- 옆면: 무늬뜨기A로 코를 늘려가며 뜬다.
- 모자챙: 무늬뜨기B로 코를 늘려가며 뜬다.마지막 단은 짧은뜨
  기로 테크노로토를 감싸 뜬다(p.37참고).

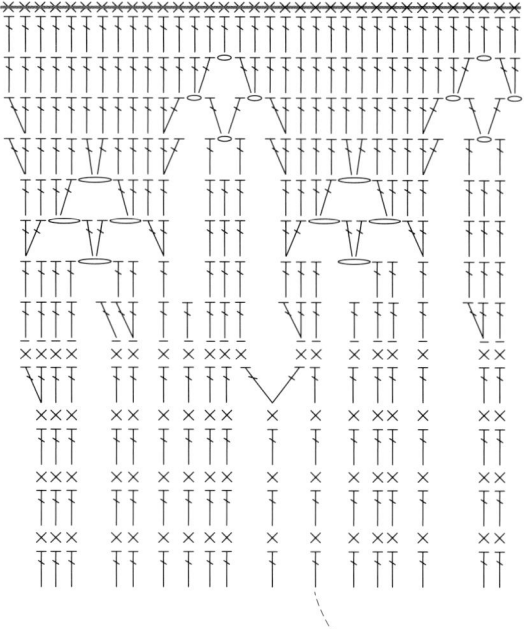

코 늘리는 방법

	단	콧수	코늘림
모자챙	8,9	238코	늘림 없음
	7	238코	14코 늘린다
	6	224코	14코 늘린다
	5	210코	42코 늘린다
	4	168코	14코 늘린다
	3	154코	14코 늘린다
	2	140코	늘림 없음
	1	140코	20코 늘린다
옆면	8	120코	늘림 없음
	7	120코	12코 늘린다
	1~6	108코	늘림 없음
톱	13	108코	늘림 없음
	12	108코	12코 늘린다
	11	96코	늘림 없음
	10	96코	12코 늘린다
	9	84코	늘림 없음
	8	84코	12코 늘린다
	7	72코	늘림 없음
	6	72코	24코 늘린다
	5	48코	늘림 없음
	4	48코	24코 늘린다
	3	24코	늘림 없음
	2	24코	16코 늘린다
	1	8코	

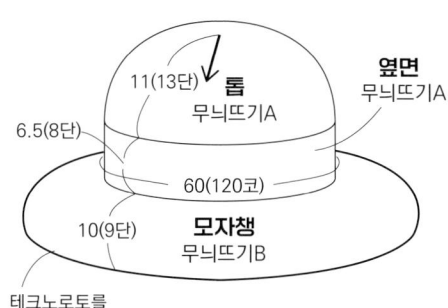

11(13단) **톱**
무늬뜨기A

옆면
무늬뜨기A

6.5(8단)

60(120코)

10(9단)

모자챙
무늬뜨기B

테크노로토를
넣어 감싸 뜬다

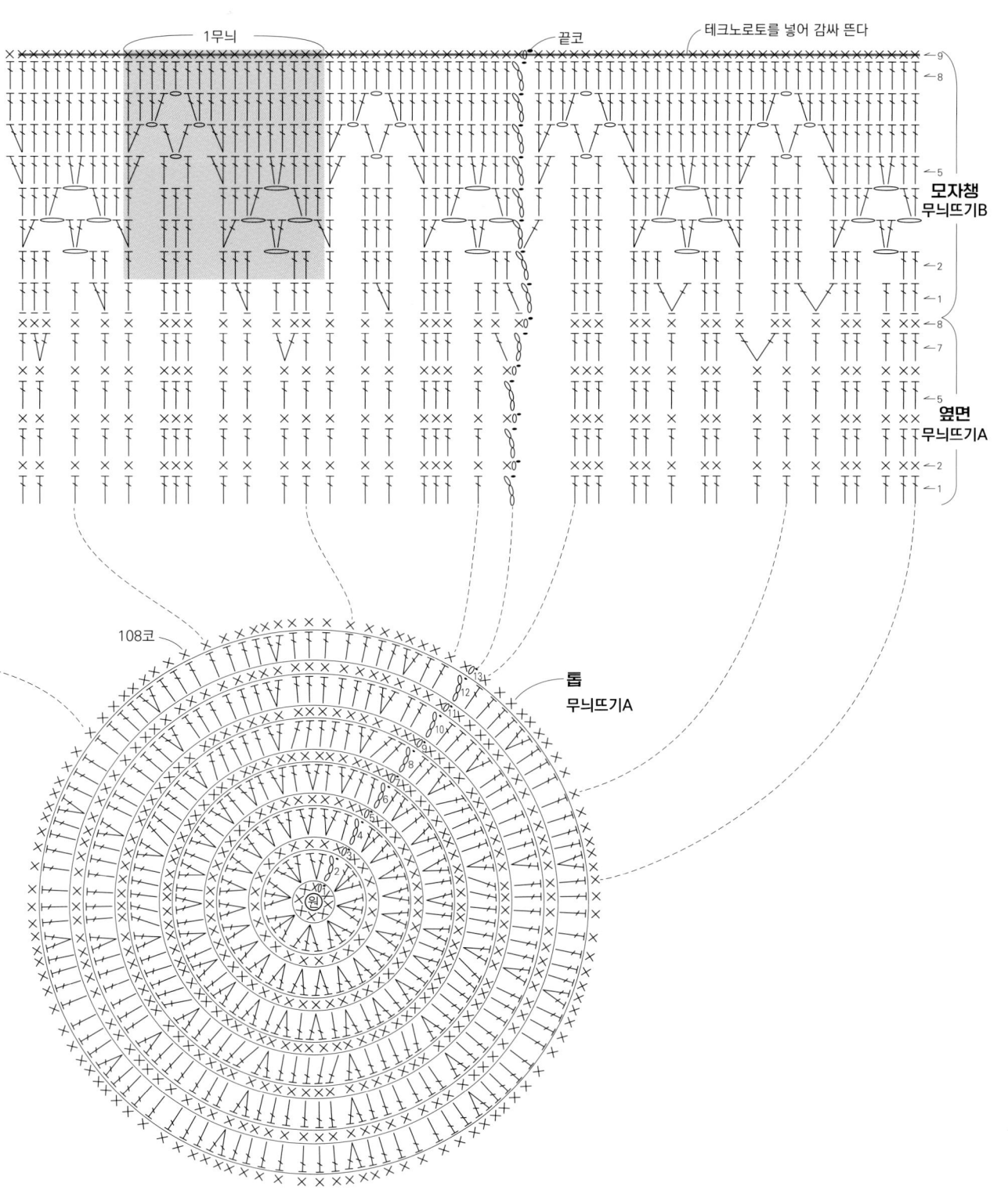

1무늬   끝코   테크노로토를 넣어 감싸 뜬다

←9
←8

←5
모자챙
무늬뜨기B

←2
←1

←8
←7

←5
옆면
무늬뜨기A

←2
←1

108코

톱
무늬뜨기A

원

K 육각형 모티브 핸드백 / photo p.17

[재료]
- 실: 하마나카 에코안다리아(40g/볼)
  베이지(23)115g, 블랙(30)50g
- 바늘: 6/0호 코바늘
- 기타: 원형손잡이(검정)(H210-011) 1쌍

[게이지] 모티브(육각형) 도안 그림 참고
  모티브(사각형) 7×7cm, 도안 그림 참고

[사이즈] 폭 약 45cm , 높이 약 22cm

[뜨는 법]
- 실은 1겹, 지정된 색상으로 뜬다.
- 앞뒤판: 사슬뜨기 5코로 원형코잡기 하여 도안대로 모티브를 뜬다. 육각형 모티브를 13장, 사각형 모티브를 2장 뜬다. 모티브를 반코씩 감침질해 이어서 가방 모양으로 만든다.
- 실을 이어서 무늬뜨기로 코늘림/줄임 해가며 입구를 뜬 후 실 끝을 60cm 남기고 끊는다. 맞은편도 실을 이어서 똑같이 뜨고 실 끝을 60cm 남기고 끊는다. 손잡이를 입구로 감싸서 감침질로 꿰맨다.

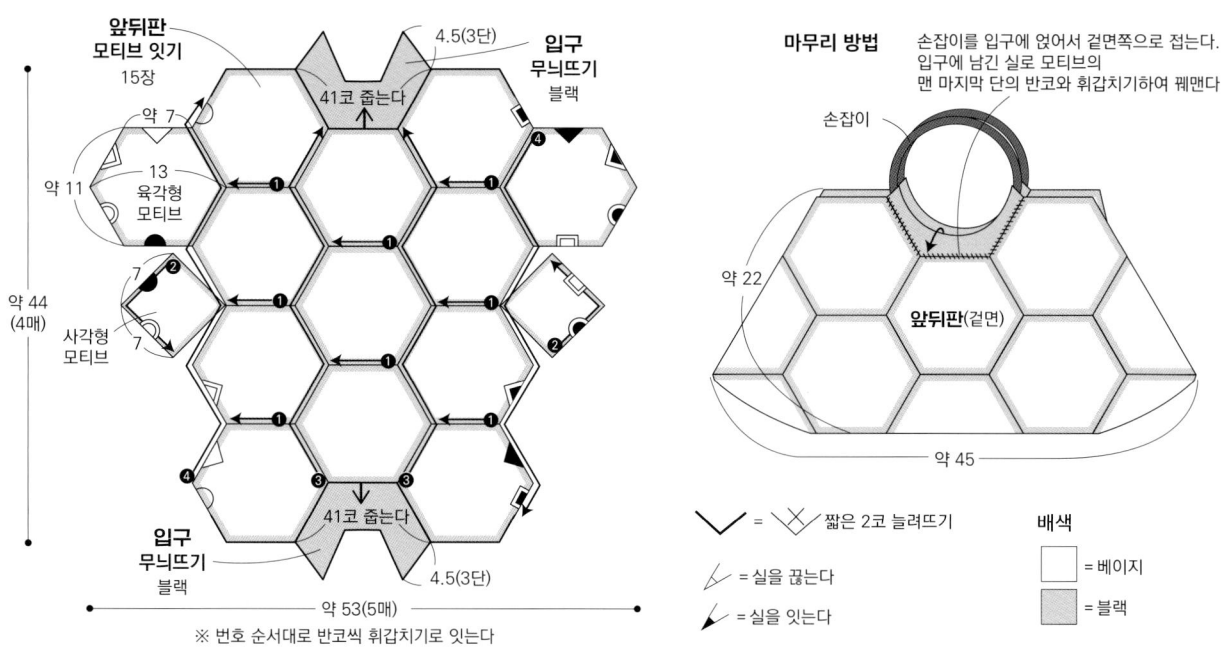

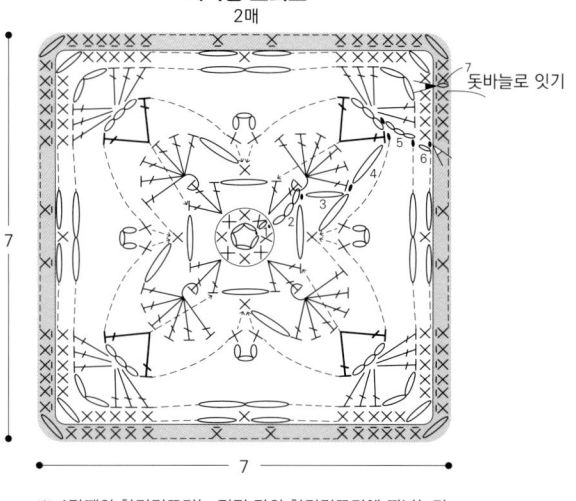

마무리 방법
손잡이를 입구에 얹어서 겉면쪽으로 접는다.
입구에 남긴 실로 모티브의 맨 마지막 단의 반코와 휘갑치기하여 꿰맨다

손잡이

약 22

앞뒤판(겉면)

약 45

∨ = ∨ 짧은 2코 늘려뜨기

↗ = 실을 끊는다

↙ = 실을 잇는다

배색
□ = 베이지
▨ = 블랙

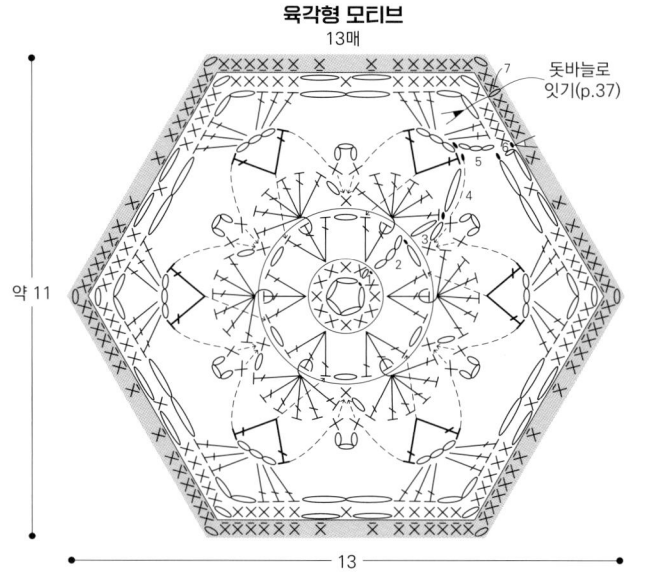

육각형 모티브
13매

약 11

13

돗바늘로 잇기(p.37)

사각형 모티브
2매

7

7

돗바늘로 잇기

※ 4단째의 한길긴뜨기는 전전 단의 한길긴뜨기에 떠넣는다
6단째는 뜨는 방향이 바뀌므로 주의한다

58

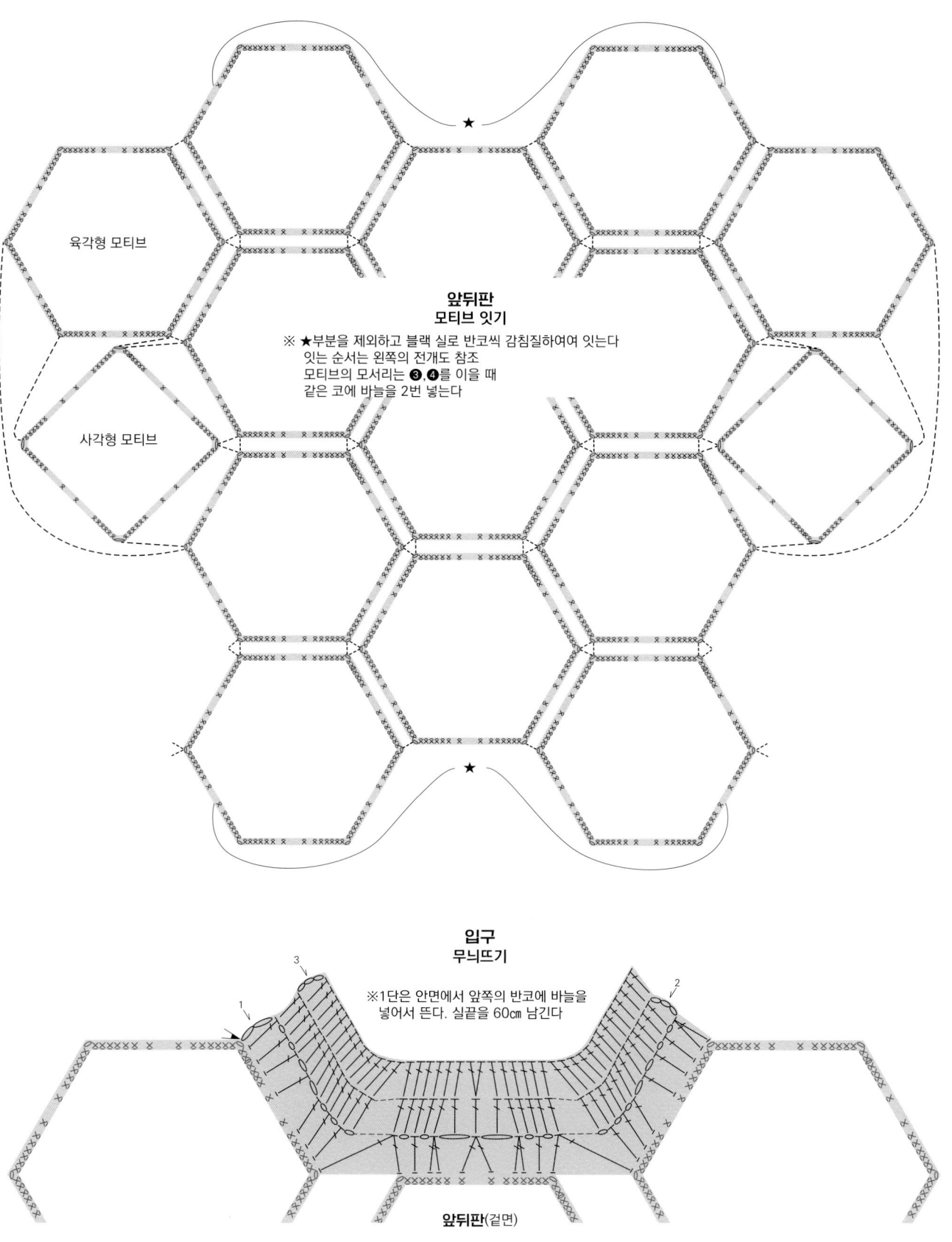

육각형 모티브

사각형 모티브

앞뒤판
모티브 잇기

※ ★부분을 제외하고 블랙 실로 반코씩 감침질하여어 잇는다
잇는 순서는 왼쪽의 전개도 참조
모티브의 모서리는 ❸,❹를 이을 때
같은 코에 바늘을 2번 넣는다

입구
무늬뜨기

※1단은 안면에서 앞쪽의 반코에 바늘을
넣어서 뜬다. 실끝을 60cm 남긴다

앞뒤판(겉면)

L 방안뜨기 스퀘어 토트백 / *photo p.18*

[재료]
- 실 : 하마나카 에코안다리아(40g/볼) 라임옐로우(19)210g
- 바늘: 6/0호 코바늘

[게이지]
짧은뜨기 21코×19단/10㎝×10㎝
무늬뜨기 21코×9단/10㎝×10㎝

[사이즈]
폭 36㎝, 높이 36㎝, 두께 4.5㎝

[뜨는 법]
- 실 1겹으로 뜬다.
- 바닥판: 사슬뜨기 73코로 코를 잡아 짧은뜨기로 뜬다.
- 앞뒤판: 무늬뜨기로 뜨고 입구쪽은 짧은뜨기로 뜬다.바닥판의 시작코에서 코를 주워 나머지 앞뒤판을 뜬다.
- 옆판: 사슬뜨기 9코를 잡아 한길긴뜨기와 짧은뜨기로 뜬다.
- 앞뒤판, 바닥판, 옆판을 겹쳐서 짧은뜨기와 사슬뜨기로 잇는다.
- 사슬뜨기 3코로 시작코를 잡아 짧은뜨기로 손잡이를 떠서 입구에 꿰매 단다.

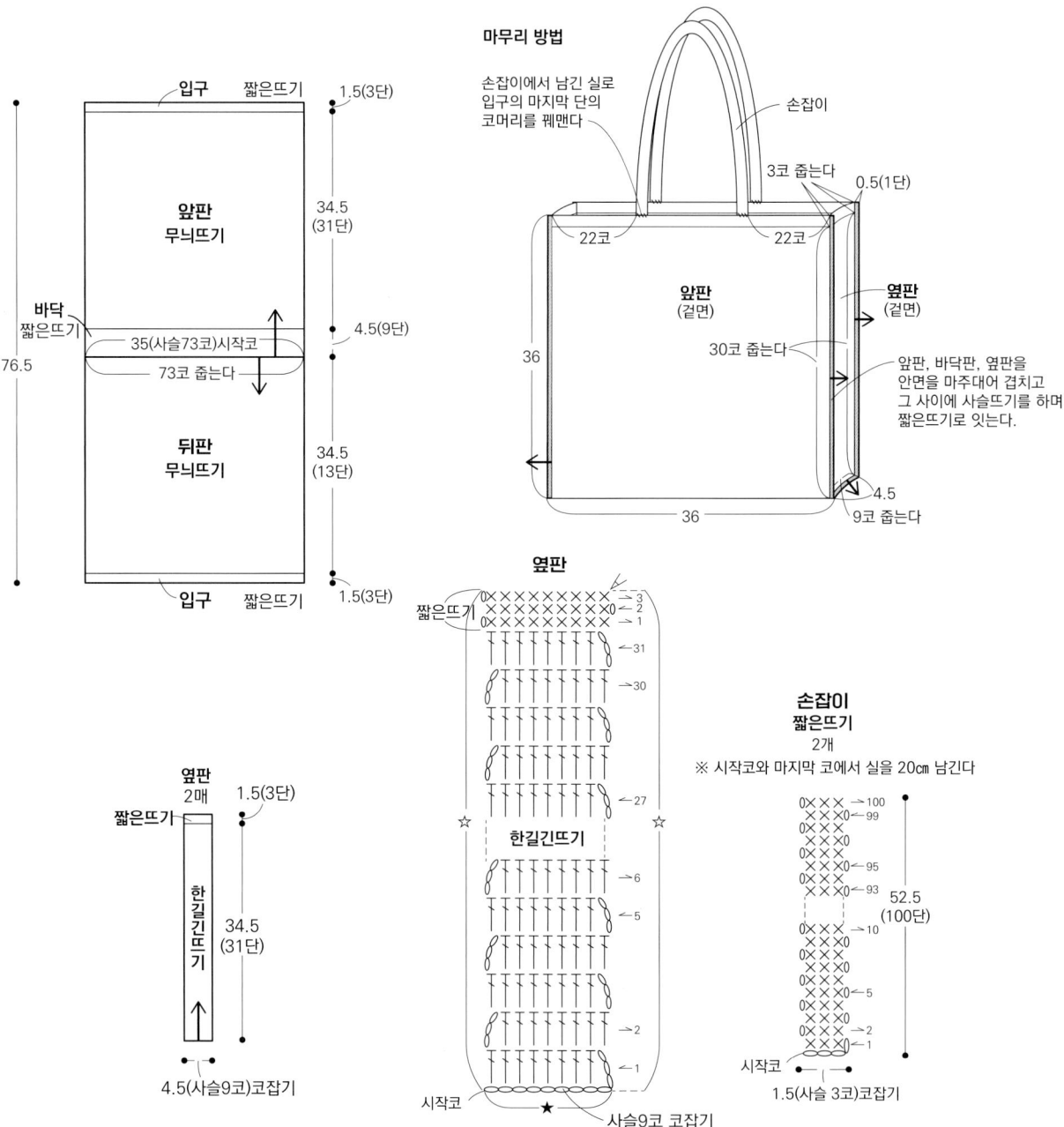

마무리 방법

손잡이에서 남긴 실로 입구의 마지막 단의 코머리를 꿰맨다

손잡이

3코 줍는다

0.5(1단)

22코   22코

앞판 (겉면)

옆판 (겉면)

30코 줍는다

36

앞판, 바닥판, 옆판을 안면을 마주대어 겹치고 그 사이에 사슬뜨기를 하며 짧은뜨기로 잇는다.

36

4.5
9코 줍는다

입구   짧은뜨기   1.5(3단)

앞판 무늬뜨기   34.5 (31단)

바닥 짧은뜨기   35(사슬73코)시작코   4.5(9단)

73코 줍는다

76.5

뒤판 무늬뜨기   34.5 (13단)

입구   짧은뜨기   1.5(3단)

옆판 2매
짧은뜨기   1.5(3단)

한길긴뜨기   34.5 (31단)

4.5(사슬9코)코잡기

옆판

짧은뜨기   →3 →2 →1

→31
→30
→27

☆   한길긴뜨기   ☆

→6
←5

→2
←1

시작코
사슬9코 코잡기

손잡이
짧은뜨기
2개
※ 시작코와 마지막 코에서 실을 20㎝ 남긴다

→100
→99

→95
→93
←10

→2
←1

52.5 (100단)

시작코

1.5(사슬 3코)코잡기

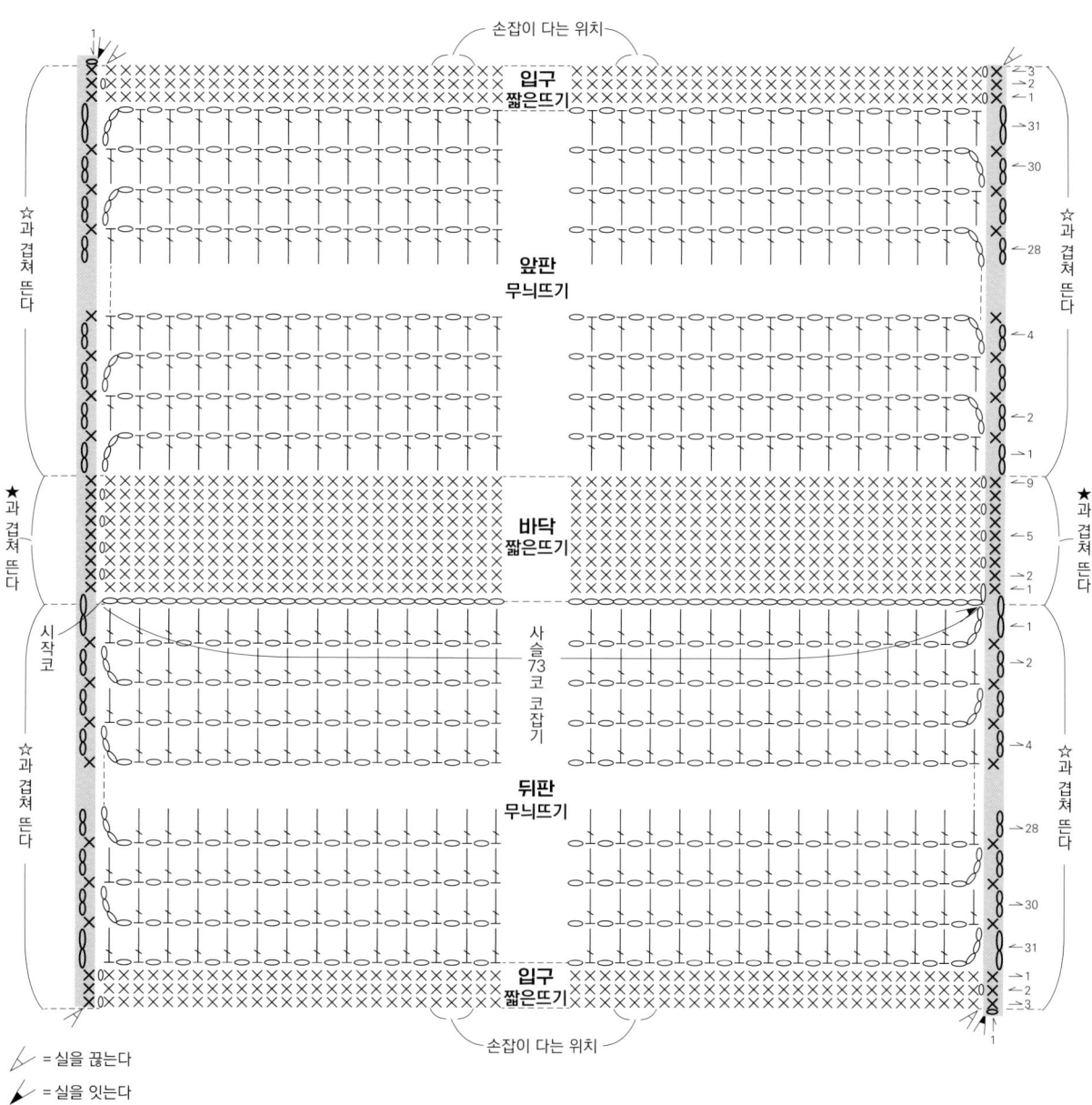

손잡이 다는 위치

입구
짧은뜨기

앞판
무늬뜨기

☆과 겹쳐 뜬다

★과 겹쳐 뜬다

시작코

바닥
짧은뜨기

사슬
73
코
코잡기

뒤판
무늬뜨기

입구
짧은뜨기

손잡이 다는 위치

☆과 겹쳐 뜬다

★과 겹쳐 뜬다

☆과 겹쳐 뜬다

= 실을 끊는다
= 실을 잇는다

M 대나무 핸들 백 / photo p.19

[재료]
- 실: 하마나카 에코안다리아(40g/볼) 그린(17)130g
- 바늘: 5/0호, 6/0호 코바늘
- 기타: 대나무모양 손잡이 D형(중) (H210-632-1)1쌍

[게이지] 짧은뜨기 21코×24단/10cm×10cm

무늬뜨기A 1무늬×8단/5.7cm×9cm

[사이즈] 입구 폭 21cm , 바닥 폭 34.5cm, 높이 31.5cm

[뜨는 법]
- 실 1겹, 지정된 호수의 바늘로 뜬다.
- 바닥판: 5/0호 바늘로 사슬뜨기 59코로 코잡기 한다. 짧은뜨기로 코를 늘려가며 원형으로 뜬다.
- 앞뒤판: 짧은뜨기로 코늘림/줄임 없이 뜨고, 6/0호 바늘로 바꿔서 무늬뜨기A와 무늬뜨기B를 뜬다. 무늬뜨기B의 3단째부터 좌우로 나눠 평면뜨기한다.
- 입구: 무늬뜨기C와 한길긴뜨기로 뜬 후 (평면뜨기) 실 끝을 30cm 남기고 끊는다. 나머지 한 쪽에도 실을 이어 뜨고 실 끝을 30cm 남기고 끊는다. 손잡이를 입구로 말아서 감침질해 단다.

실을 30cm 남긴다

옆선

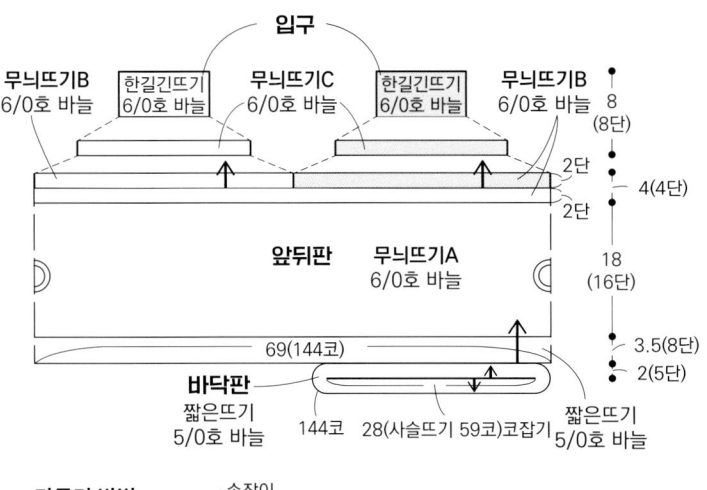

입구

| 무늬뜨기B 6/0호 바늘 | 한길긴뜨기 6/0호 바늘 | 무늬뜨기C 6/0호 바늘 | 한길긴뜨기 6/0호 바늘 | 무늬뜨기B 6/0호 바늘 |

8(8단)
2단
4(4단)
2단

앞뒤판 무늬뜨기A 6/0호 바늘

18(16단)

3.5(8단)
2(5단)

69(144코)

바닥판
짧은뜨기 5/0호 바늘

144코 28(사슬뜨기 59코)코잡기

짧은뜨기 5/0호 바늘

마무리 방법

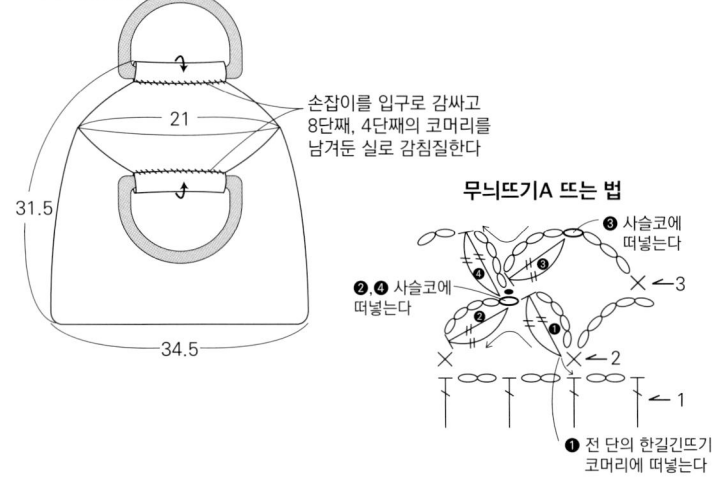

손잡이

손잡이를 입구로 감싸고 8단째, 4단째의 코머리를 남겨둔 실로 감침질한다

21

31.5

34.5

무늬뜨기A 뜨는 법

❸ 사슬코에 떠넣는다
❷,❹ 사슬코에 떠넣는다
❶ 전 단의 한길긴뜨기 코머리에 떠넣는다

무늬뜨기B 뜨는 법

❸ 뜨는 방향을 바꿔 사슬코에 떠넣는다
❹ 사슬코에 떠넣는다
❷ 사슬코에 떠넣는다
❶ 전 단의 한길긴뜨기 코머리에 떠넣는다

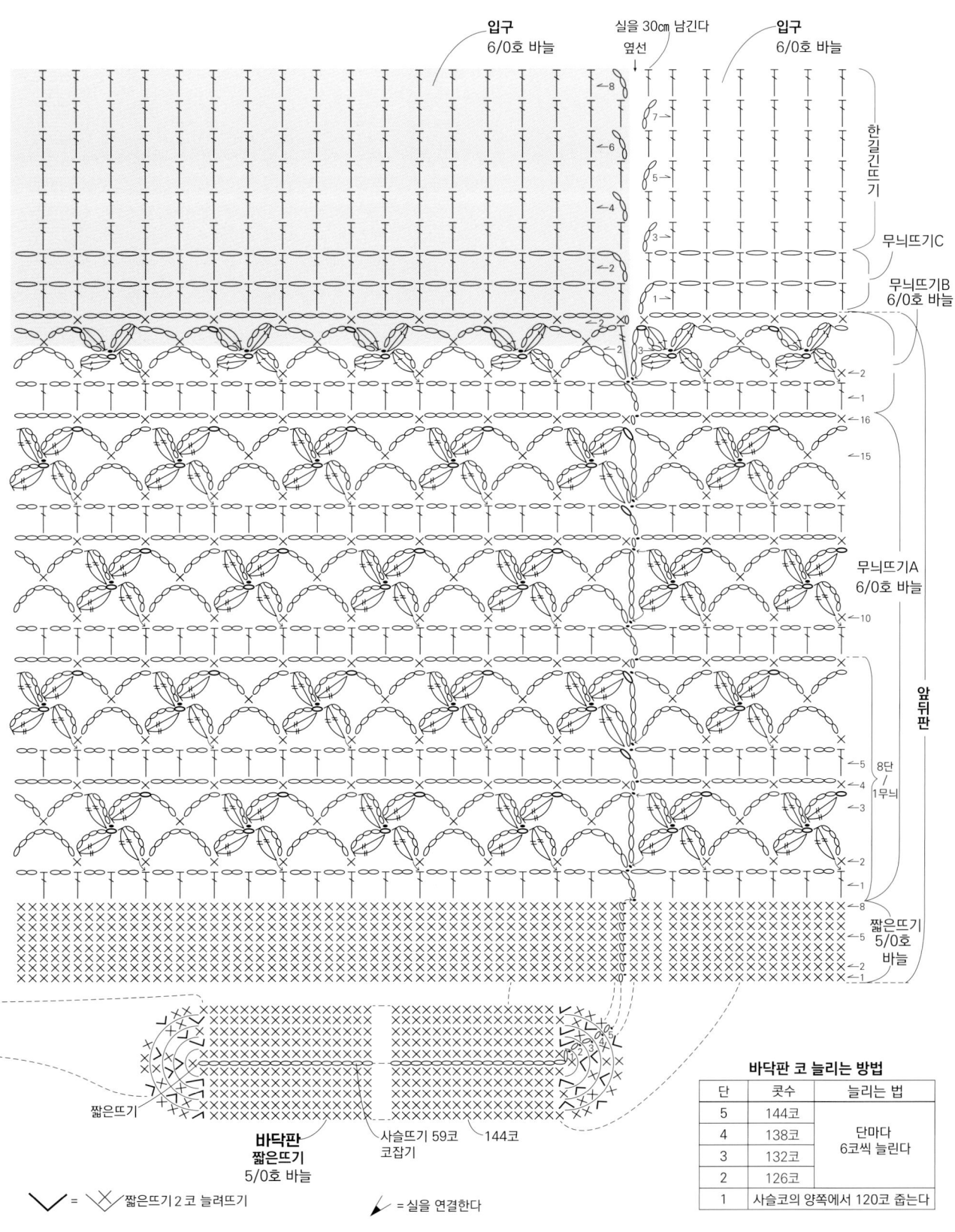

입구 6/0호 바늘

실을 30cm 남긴다
옆선

입구 6/0호 바늘

한길긴뜨기

무늬뜨기C

무늬뜨기B 6/0호 바늘

무늬뜨기A 6/0호 바늘

앞뒤판

8단 1무늬

짧은뜨기 5/0호 바늘

바닥판 짧은뜨기 5/0호 바늘

짧은뜨기

사슬뜨기 59코 코잡기

144코

바닥판 코 늘리는 방법

단	콧수	늘리는 법
5	144코	
4	138코	단마다
3	132코	6코씩 늘린다
2	126코	
1	사슬코의 양쪽에서 120코 줍는다

∨ = 짧은뜨기 2코 늘려뜨기   = 실을 연결한다

63

N 버킷백 / photo p.20

[재료]

· 실: 하마나카 에코안다리아(40g/볼) 브라운(15)160g

· 바늘: 5/0호 코바늘

[게이지]

짧은뜨기 16코×18단/10cm×10cm

무늬뜨기 16코×8단/10cm×10cm

[사이즈]

바닥 직경 17cm, 높이 23.5cm

[뜨는 법]

· 실 1겹으로 뜬다.

· 바닥판: 원형코잡기 하여 짧은뜨기로 코를 늘려가며 뜬다.

· 앞뒤판은 짧은뜨기와 무늬뜨기A로, 입구는 짧은뜨기로 콧늘림/줄임 없이 뜨면서 도중에 끈 통과구멍을 만든다

· 어깨끈: 사슬뜨기 150코로 시작코를 잡아 무늬뜨기B로 뜬다.

· 끈, 끈 조리개: 끈 조리개는 사슬뜨기 6코를 잡아 짧은뜨기로 뜬다. 끈은 새우뜨기(p.48)로 만든다.

· 어깨끈을 입구의 안쪽에 꿰매 단다. 끈을 구멍에 통과시켜서 끝을 묶는다. 끈 조리개를 단다.

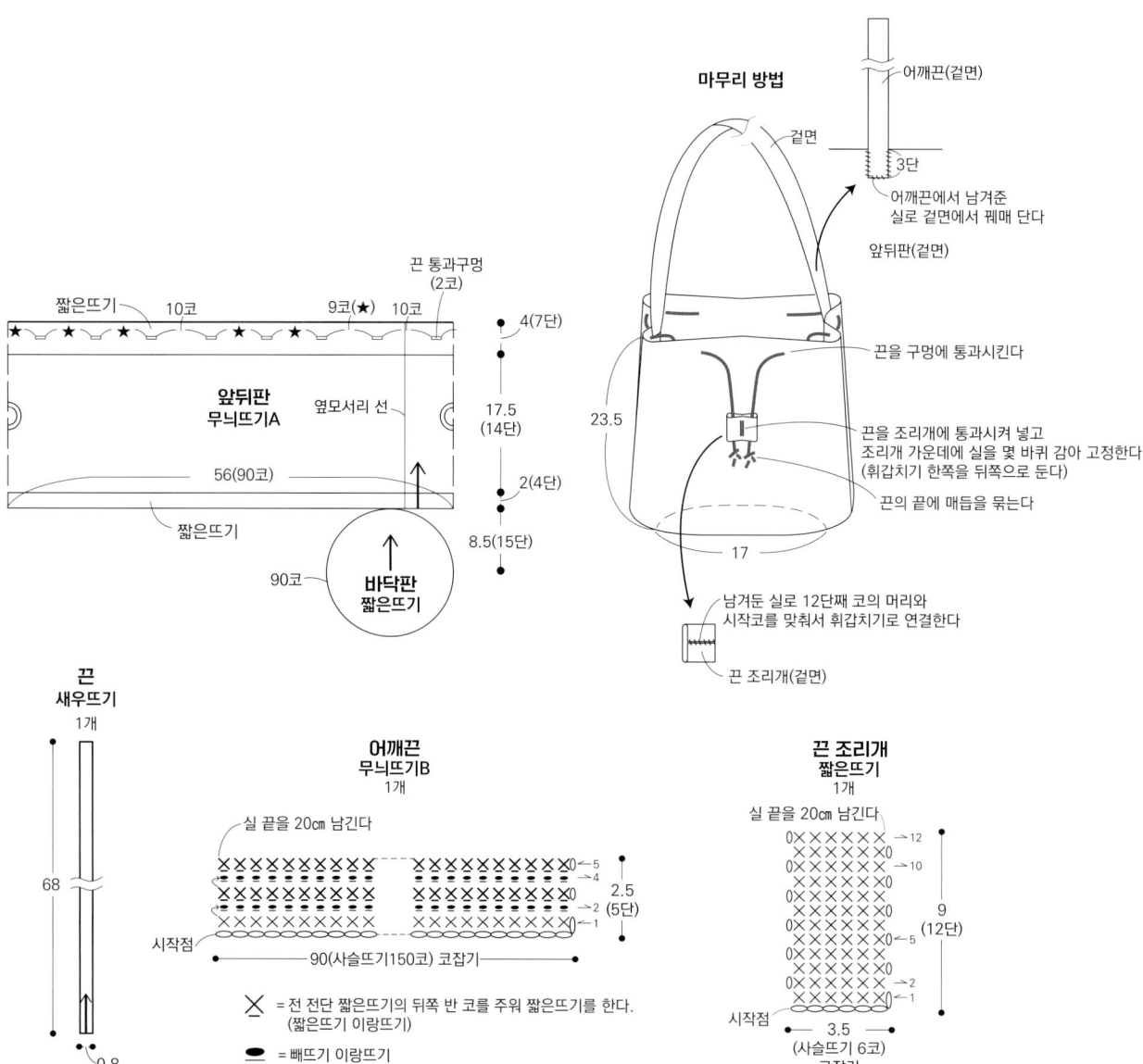

마무리 방법

어깨끈(겉면)

3단

어깨끈에서 남겨준 실로 겉면에서 꿰매 단다

앞뒤판(겉면)

겉면

끈을 구멍에 통과시킨다

끈을 조리개에 통과시켜 넣고 조리개 가운데에 실을 몇 바퀴 감아 고정한다 (휘갑치기 한쪽을 뒤쪽으로 둔다)

끈의 끝에 매듭을 묶는다

23.5

17

남겨둔 실로 12단째 코의 머리와 시작코를 맞춰서 휘갑치기로 연결한다

끈 조리개(겉면)

끈 통과구멍 (2코)

4(7단)

17.5 (14단)

2(4단)

8.5(15단)

짧은뜨기 10코 9코(★) 10코

★

앞뒤판 무늬뜨기A

옆모서리 선

56(90코)

짧은뜨기

90코

바닥판 짧은뜨기

끈 새우뜨기 1개

68

0.8

어깨끈 무늬뜨기B 1개

실 끝을 20cm 남긴다

시작점

2.5 (5단)

5
4
2
1

90(사슬뜨기150코) 코잡기

✕ = 전 전단 짧은뜨기의 뒤쪽 반 코를 주워 짧은뜨기를 한다. (짧은뜨기 이랑뜨기)

⬬ = 빼뜨기 이랑뜨기

끈 조리개 짧은뜨기 1개

실 끝을 20cm 남긴다

→12
→10
←5
→2
←1

9 (12단)

시작점

3.5 (사슬뜨기 6코) 코잡기

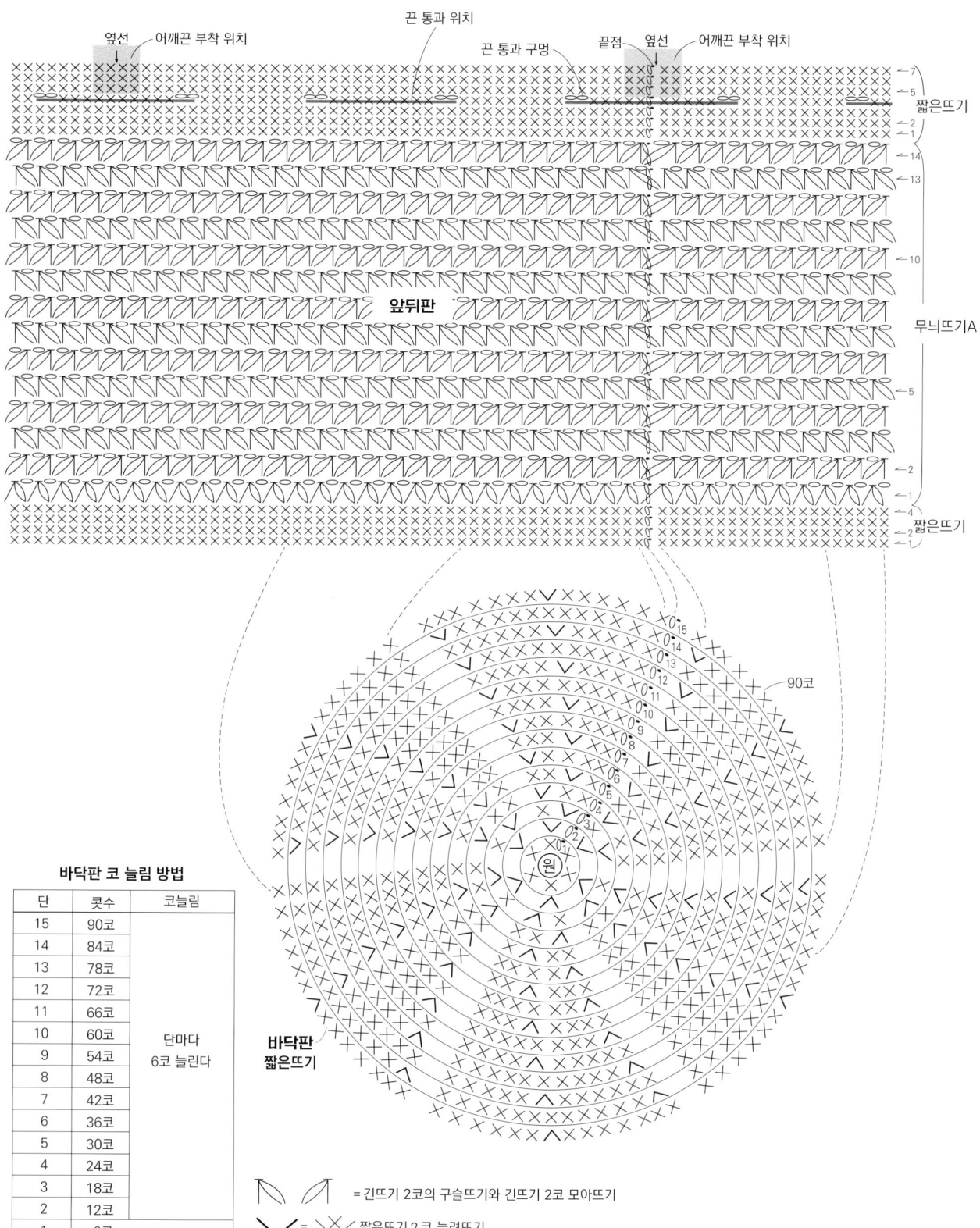

옆선　어깨끈 부착 위치　　끈 통과 위치　　끈 통과 구멍　끝점　옆선　어깨끈 부착 위치

짧은뜨기

무늬뜨기A

앞뒤판

짧은뜨기

90코

바닥판
짧은뜨기

원

바닥판 코 늘림 방법

단	콧수	코늘림
15	90코	
14	84코	
13	78코	
12	72코	
11	66코	
10	60코	
9	54코	단마다
8	48코	6코 늘린다
7	42코	
6	36코	
5	30코	
4	24코	
3	18코	
2	12코	
1	6코	

= 긴뜨기 2코의 구슬뜨기와 긴뜨기 2코 모아뜨기

= 짧은뜨기 2코 늘려뜨기

O 테두리장식 모자 / photo p.21

[재료]

· 실: 하마나카 에코안다리아(40g/볼) 베이지(23)125g

· 바늘: 6/0호 코바늘

[게이지]

짧은뜨기 19코×20단/10cm×10cm

[사이즈]

머리둘레 55cm, 높이 17cm

[뜨는 법]

· 실 1겹으로 뜬다.

· 톱: 원형코잡기하여 짧은뜨기로 코를 늘려가며 뜬다.

· 옆판: 코늘림/줄임 없이 뜨면서 끈 구멍을 4군데에 피콧뜨기로 만든다.

· 모자챙: 코를 늘려가며 뜨고 마지막에 테두리뜨기를 한다.

· 끈을 구멍에 끼우고 뒤에서 묶는다.

코 늘리는 방법

	단수	콧수	코늘림
모자챙	13	184코	2코 늘린다
	12	182코	13코 늘린다
	11	169코	늘림 없음
	10	169코	13코 늘린다
	9	156코	늘림 없음
	8	156코	13코 늘린다
	7	143코	늘림 없음
	6	143코	13코 늘린다
	5	130코	늘림 없음
	4	130코	13코 늘린다
	3	117코	늘림 없음
	2	117코	13코 늘린다
	1	104코	늘림 없음
옆면	1~12	104코	늘림 없음
톱	22	104코	8코 늘린다
	20, 21	96코	늘림 없음
	19	96코	8코 늘린다
	18, 17	88코	늘림 없음
	16	88코	8코 늘린다
	15	80코	늘림 없음
	14	80코	8코 늘린다
	13	72코	늘림 없음
	12	72코	8코 늘린다
	11	64코	늘림 없음
	10	64코	단마다 8코 늘린다
	9	56코	
	8	48코	늘림 없음
	7	48코	단마다 8코 늘린다
	6	40코	
	5	32코	늘림 없음
	4	32코	단마다 8코 늘린다
	3	24코	
	2	16코	
	1	8코	

코드뜨기

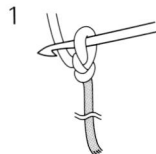
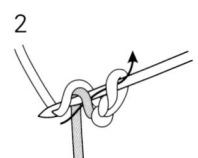
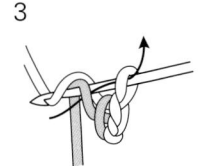

실끝을 완성길이의 3배 남기고 사슬을 1코 뜬다.
남긴 실을 앞에서 뒤쪽으로 걸고 또 다른 실을 바늘에 걸어서 빼뜬다. 2를 반복한다.

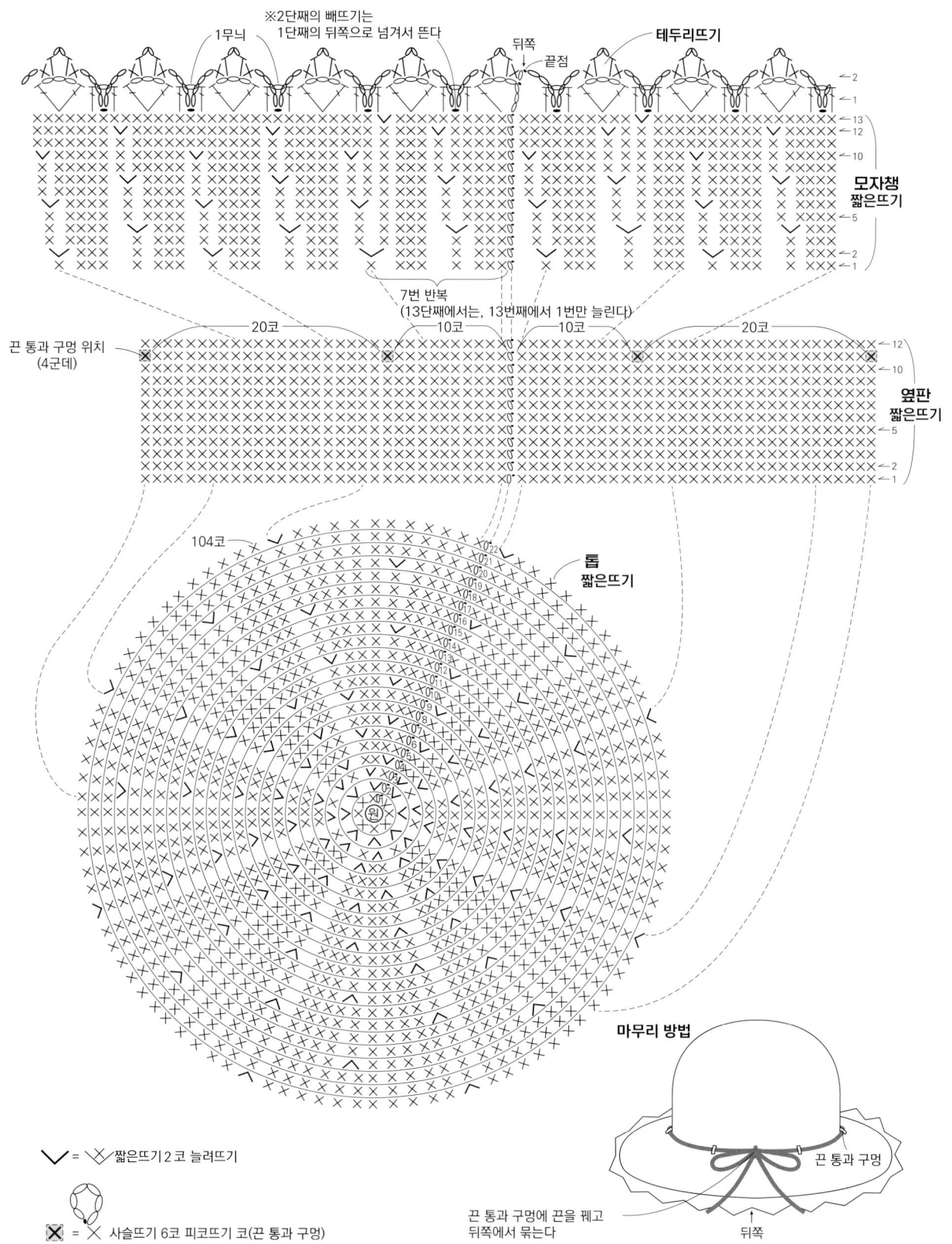

※2단째의 빼뜨기는
1단째의 뒤쪽으로 넘겨서 뜬다

1무늬

뒤쪽
끝점

테두리뜨기

2
1
13
12
10
5
2
1

모자챙
짧은뜨기

7번 반복
(13단째에서는, 13번째에서 1번만 늘린다)

20코
10코
10코
20코

끈 통과 구멍 위치
(4군데)

12
10
5
2
1

옆판
짧은뜨기

104코

탑
짧은뜨기

마무리 방법

끈 통과 구멍

끈 통과 구멍에 끈을 꿰고
뒤쪽에서 묶는다

뒤쪽

= 짧은뜨기 2코 늘려뜨기

= 사슬뜨기 6코 피코뜨기 코(끈 통과 구멍)

P 리본 숄더백 ／ photo p.22

[재료]

· 실: 하마나카 에코안다리아(40g/볼)
  베이지(23)155g, 카키(61)155g
· 바늘: 5/0호 코바늘

[게이지]

짧은뜨기 19코×7단/10cm×4cm

무늬뜨기 2무늬×10단(5무늬)/9.5cm×10cm

[사이즈]

폭 33cm, 높이 35.5cm

[뜨는 법]

· 실 1겹으로 뜬다.
· 바닥판: 사슬뜨기로 35코 시작코를 잡는다. 짧은뜨기로 사각
  형으로 뜨고 실을 끊는다.
· 실을 이어서 무늬뜨기로 앞뒤판을 뜬다(원통뜨기). 어깨끈을
  무늬뜨기로 평면뜨기로 뜨고 실을 끊는다. 남은 한쪽의 어깨
  끈은 실을 이어서 똑같이 뜬다. 실을 이어서 테두리뜨기한다.
  어깨끈을 묶는다.

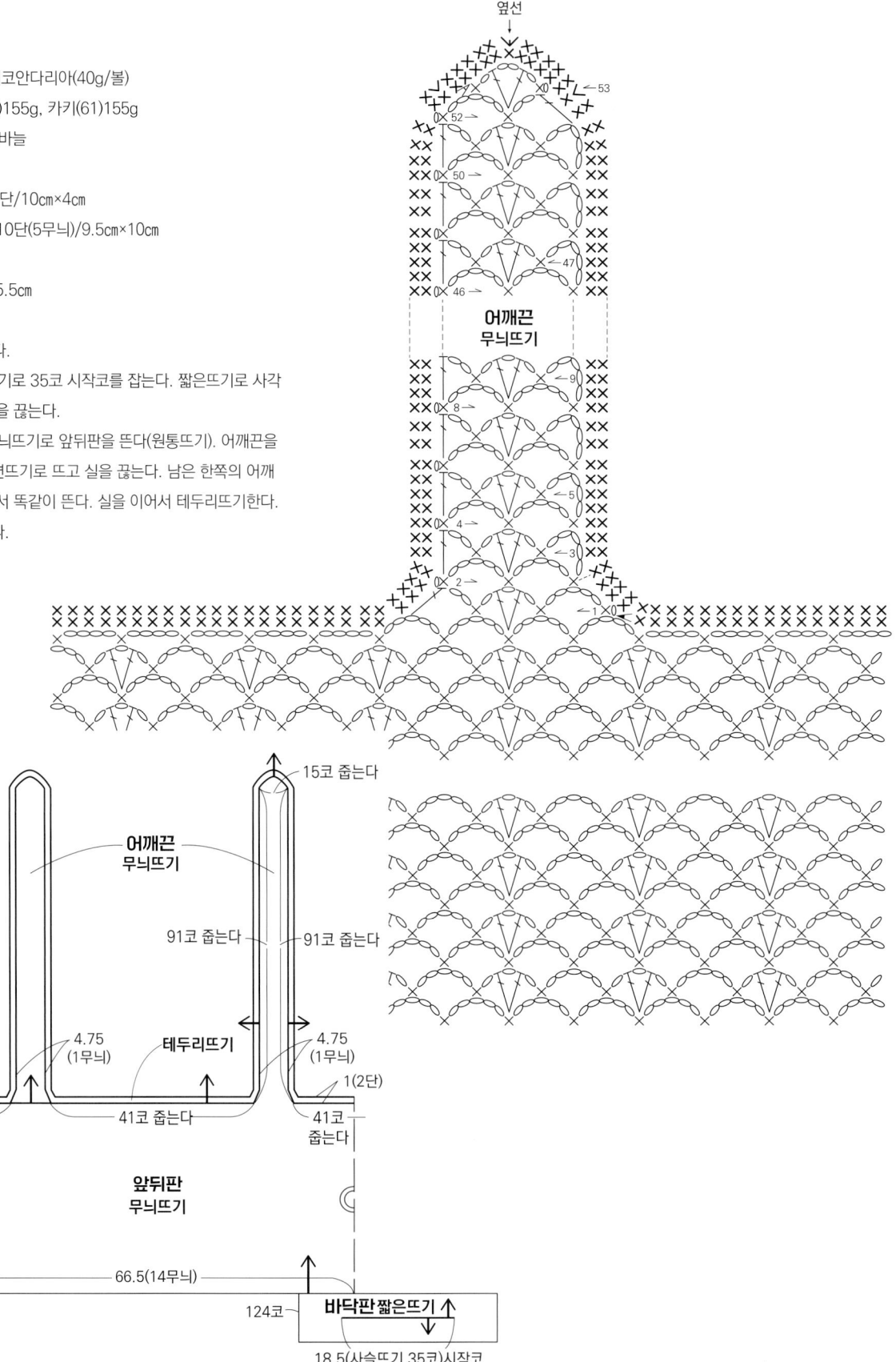

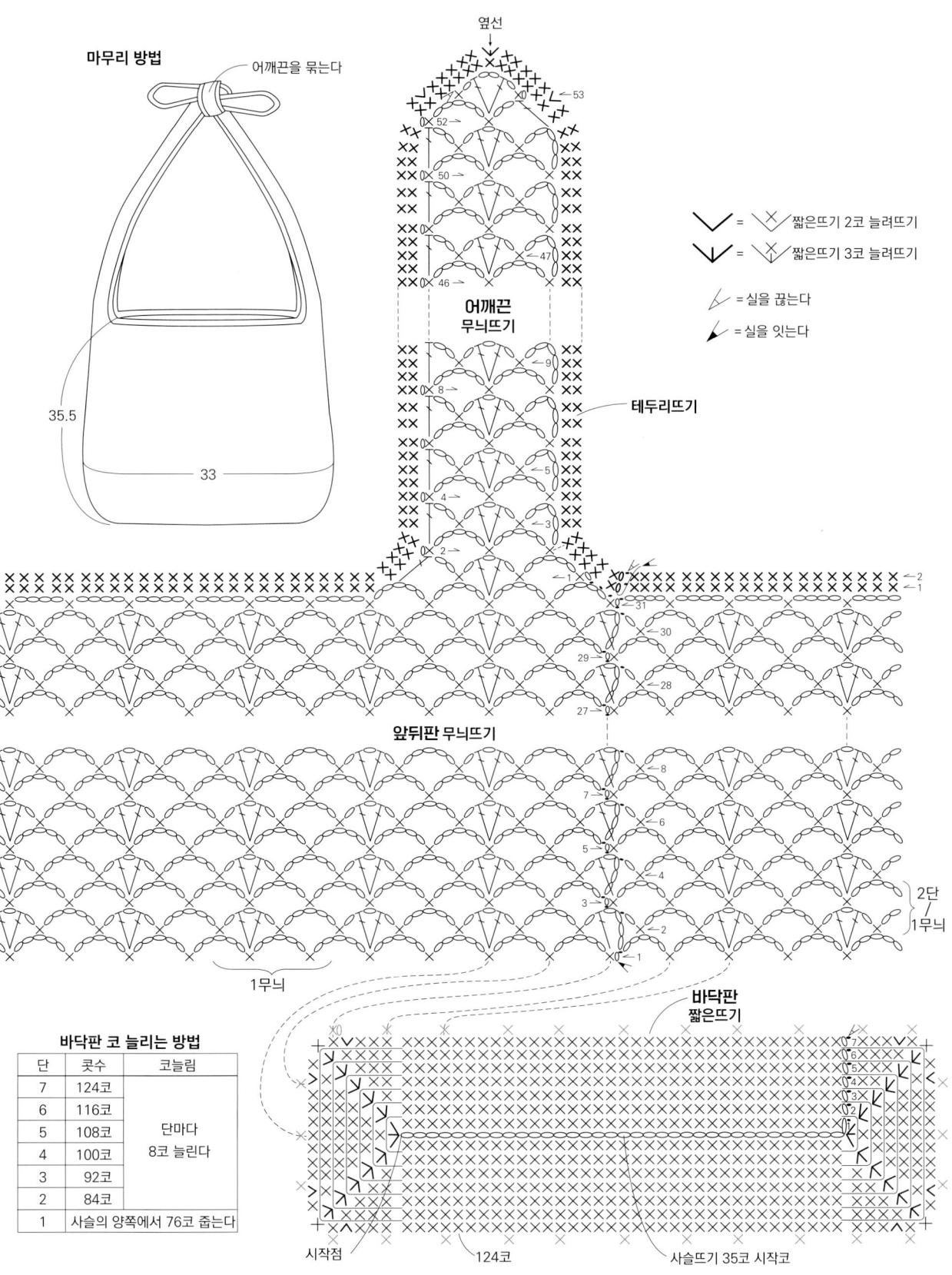

마무리 방법

어깨끈을 묶는다

35.5

33

옆선

← 53
52
50
← 47
46

어깨끈 무늬뜨기

9
8
← 5
← 4
← 3
2
1

테두리뜨기

∨ = 짧은뜨기 2코 늘려뜨기

∨ = 짧은뜨기 3코 늘려뜨기

= 실을 끊는다

= 실을 잇는다

← 2
← 1
31
30
29
28
27

앞뒤판 무늬뜨기

8
7
6
5
4
3
2
← 1

2단 1무늬

1무늬

바닥판 짧은뜨기

7
6
5
4
3
2
∨0

바닥판 코 늘리는 방법

단	콧수	코늘림
7	124코	
6	116코	
5	108코	단마다 8코 늘린다
4	100코	
3	92코	
2	84코	
1	사슬의 양쪽에서 76코 줍는다	

시작점

124코

사슬뜨기 35코 시작코

Q 몽실몽실 손가방 / photo p.23

[재료]
· 실: 하마나카 에코안다리아(40g/볼) 베이지(23)200g
· 바늘: 10/0호 코바늘
[게이지] 짧은뜨기 10코×11단/10cm×10cm
긴뜨기 10코×8단/10cm×10cm
무늬뜨기 10코×5단/10cm×8cm
[사이즈] 입구 폭 31cm, 높이 24.5cm

[뜨는 법]
· 실 2겹으로 뜬다.
· 바닥판: 사슬뜨기로 시작코를 20코 잡아 짧은뜨기로 뜬다.
· 앞뒤판: 긴뜨기와 무늬뜨기로 코늘림/줄임 없이 뜨고 마지막에 빼뜨기한다. 양쪽 끝을 안쪽으로 접어서 입구를 감침질로 꿰맨다.
· 손잡이: 사슬뜨기로 30코 잡아 짧은뜨기로 뜬다. 위아래를 맞춰 빼뜨기로 이어서 앞뒤판의 안쪽에 꿰매 단다.

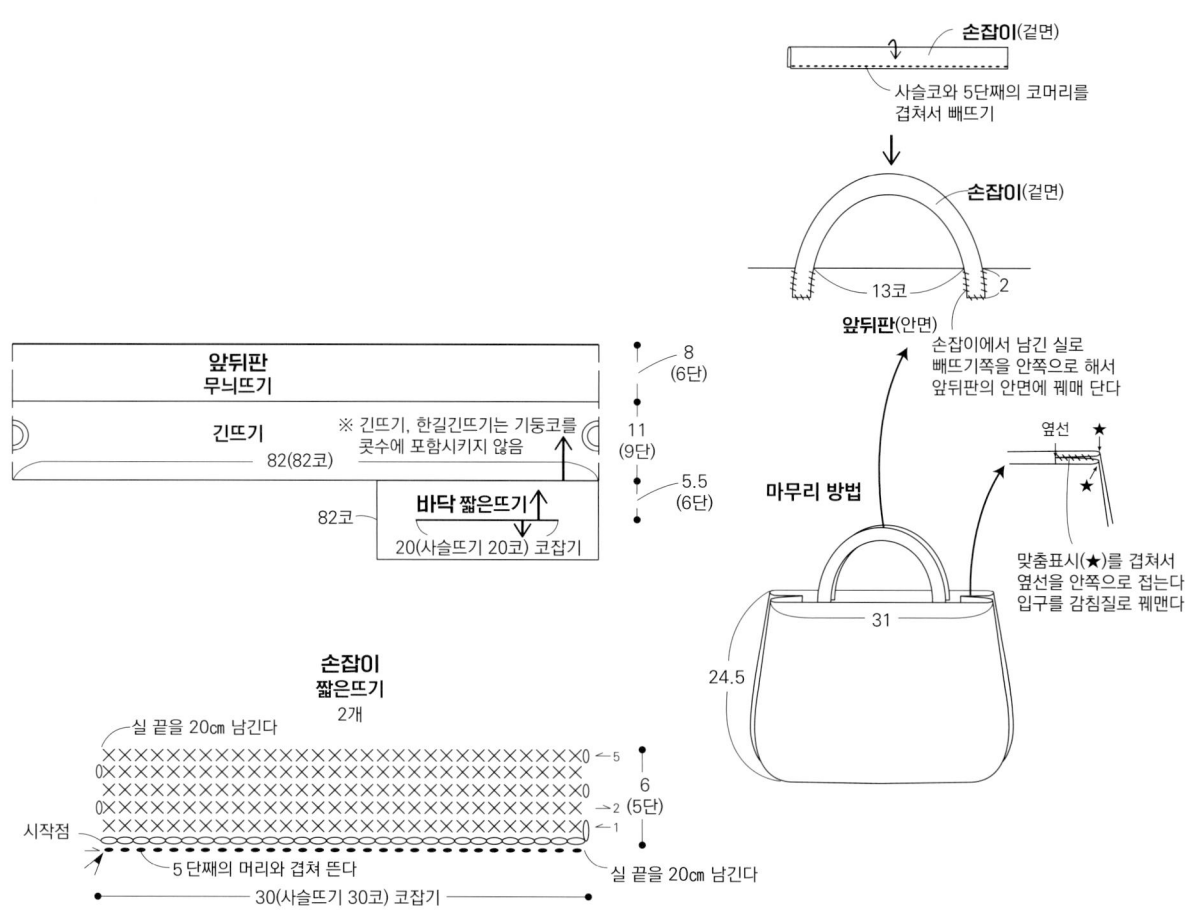

손잡이(겉면)
사슬코와 5단째의 코머리를 겹쳐서 빼뜨기

손잡이(겉면)
13코
2

앞뒤판(안면)
손잡이에서 남긴 실로 빼뜨기쪽을 안쪽으로 해서 앞뒤판의 안면에 꿰매 단다

옆선 ★
★
맞춤표시(★)를 겹쳐서 옆선을 안쪽으로 접는다 입구를 감침질로 꿰맨다

마무리 방법

31
24.5

앞뒤판
무늬뜨기
긴뜨기
※ 긴뜨기, 한길긴뜨기는 기둥코를 콧수에 포함시키지 않음
82(82코)
82코
바닥 짧은뜨기 ↑
20(사슬뜨기 20코) 코잡기
8 (6단)
11 (9단)
5.5 (6단)

손잡이
짧은뜨기
2개
실 끝을 20cm 남긴다
시작점
5단째의 머리와 겹쳐 뜬다
30(사슬뜨기 30코) 코잡기
실 끝을 20cm 남긴다
6 (5단)
←5
←2
←1

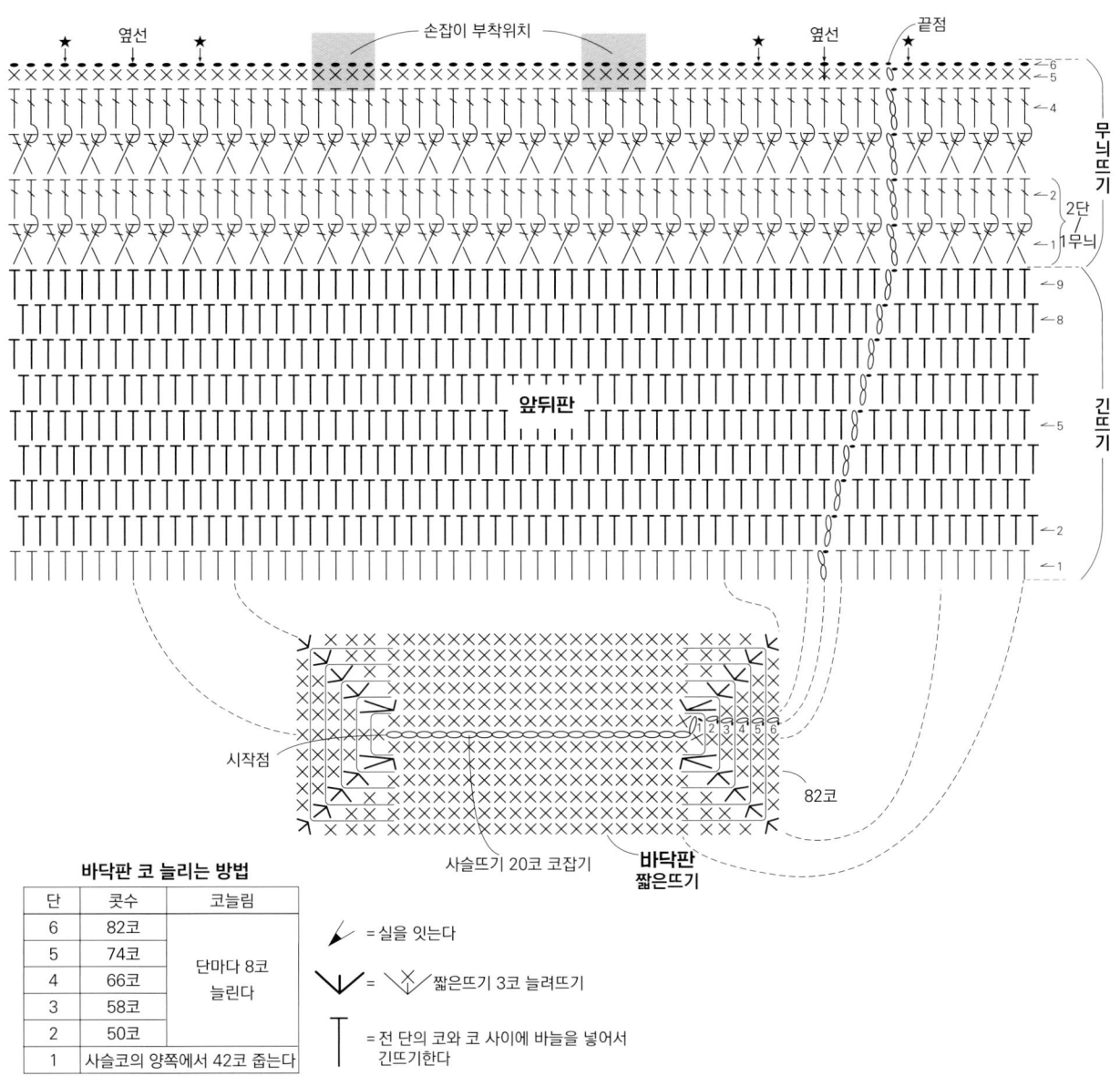

무늬뜨기

2단
1무늬

긴뜨기

옆선 ★ ★ 손잡이 부착위치 ★ 옆선 끝점 ★

앞뒤판

시작점

82코

사슬뜨기 20코 코잡기

바닥판
짧은뜨기

바닥판 코 늘리는 방법

단	콧수	코늘림
6	82코	
5	74코	
4	66코	단마다 8코 늘린다
3	58코	
2	50코	
1	사슬코의 양쪽에서 42코 줍는다	

= 실을 잇는다

= 짧은뜨기 3코 늘려뜨기

= 전 단의 코와 코 사이에 바늘을 넣어서 긴뜨기한다

R 기하무늬 마르쉐 백 / photo p.24

[재료]
- 실: 하마나카 에코안다리아(40g/볼)
  베이지(23)70g, 블랙(30)60g
- 바늘 4/0호 코바늘

[게이지]
짧은뜨기 줄기뜨기의 줄무늬　20코×20단/10cm×10cm
짧은뜨기 줄기뜨기 배색 무늬　20코×15단/10cm×10cm

[사이즈]
입구 폭 30cm, 바닥 직경 22cm, 높이 15.5cm

[뜨는 법]
- 실은 한겹으로, 지정된 색상으로 뜬다.
- 바닥판: 원형으로 코잡기하여 짧은 줄기뜨기로 코를 늘려가
  며 줄무늬로 뜬다.
- 앞뒤판: 짧은 줄기뜨기로 배색무늬, 짧은 줄기뜨기로 줄무늬
  를 코늘림/줄임 없이 뜬다.
- 손잡이: 사슬뜨기 57코로 시작코를 잡아 짧은뜨기로 뜬다.
  마지막에 빼뜨기로 뜬다.
- 손잡이를 앞뒤판의 안쪽에 꿰매 단다.

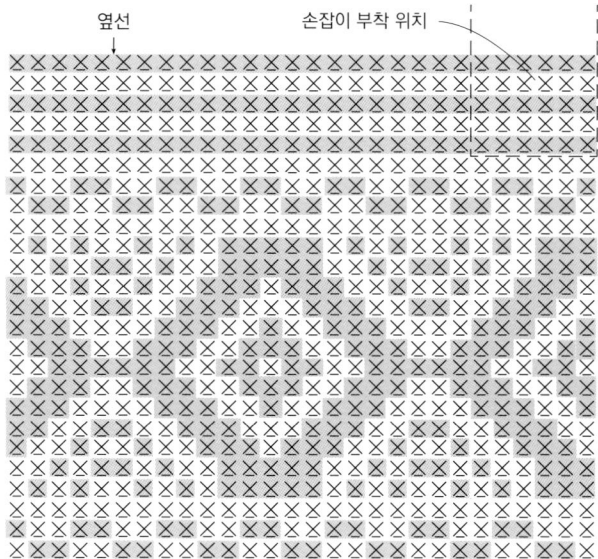

옆선　손잡이 부착 위치

3(6단)

짧은뜨기 줄기뜨기의 줄무늬

앞뒤판
짧은뜨기 줄기뜨기의 배색무늬
60(120코)

12.5
(19단)

11(22단)

120코

바닥판
짧은뜨기 줄기뜨기의 줄무늬

바닥판 코 늘림 방법

단수	콧수	코늘림
20~22	120코	늘림 없음
19	120코	8코 늘린다
15~18	112코	늘림 없음
14	112코	
13	104코	
12	96코	
11	88코	
10	80코	
9	72코	단마다
8	64코	8코 늘린다
7	56코	
6	48코	
5	40코	
4	32코	
3	24코	
2	16코	
1	8코	

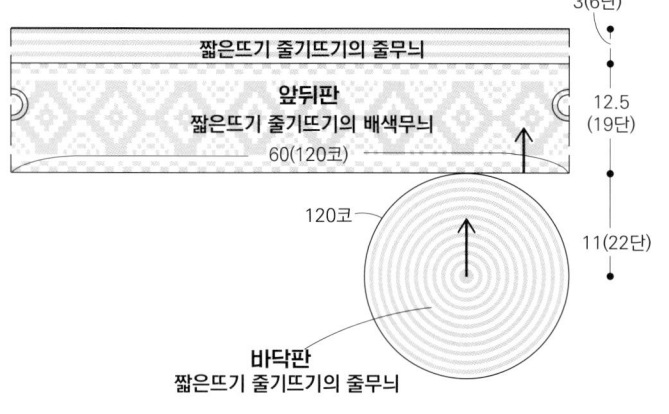

마무리 방법

손잡이(안면)

14코　5단

앞뒤판(안면)　손잡이를 안면에
꿰매 단다

30

15.5

22

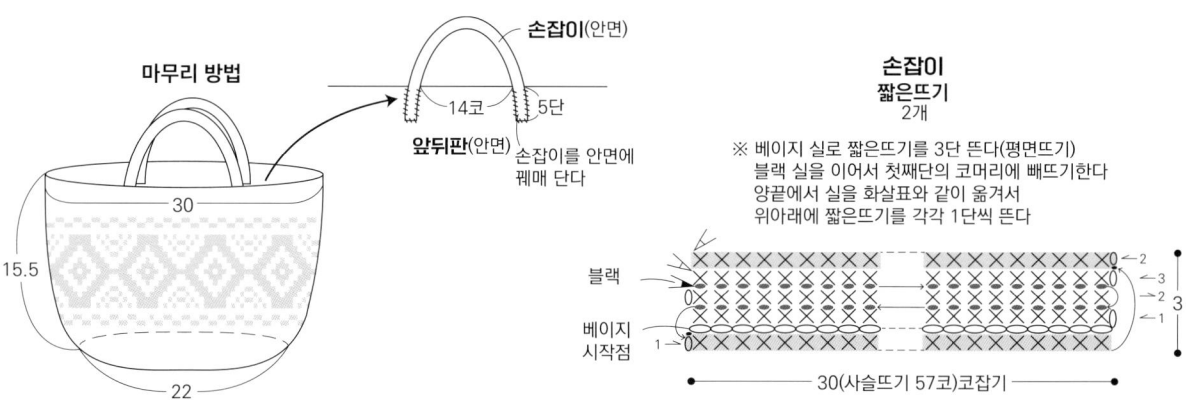

손잡이
짧은뜨기
2개

※ 베이지 실로 짧은뜨기를 3단 뜬다(평면뜨기)
블랙 실을 이어서 첫째단의 코머리에 빼뜨기한다
양끝에서 실을 화살표와 같이 옮겨서
위아래에 짧은뜨기를 각각 1단씩 뜬다

블랙

베이지
시작점

30(사슬뜨기 57코)코잡기

3

72

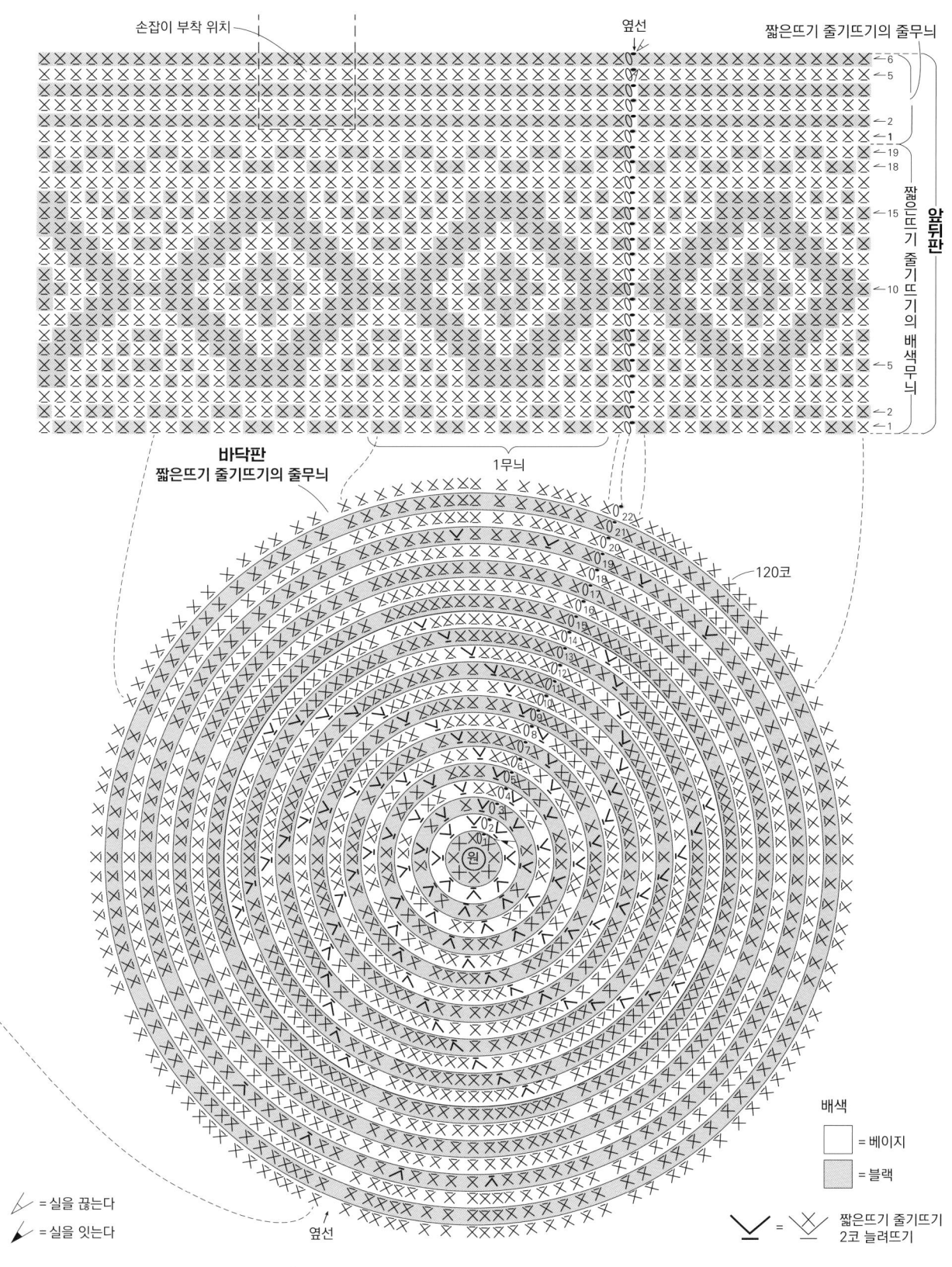

손잡이 부착 위치

옆선

짧은뜨기 줄기뜨기의 줄무늬

←6
←5

←2
←1
←19
←18

←15

←10

←5

←2
←1

짧은뜨기 줄기뜨기의 배색무늬

앞뒤판

바닥판
짧은뜨기 줄기뜨기의 줄무늬

1무늬

←0 22
←0 21
←0 20
←0 19
←0 17
←0 16
←0 14
←0 13
←0 12
←0 0
←0 0
←0 6
←0 4
←0 2
←0 1
원

120코

배색
□ = 베이지
▨ = 블랙

✓ = 실을 끊는다
✓ = 실을 잇는다

옆선

∨ = ✕ 짧은뜨기 줄기뜨기
2코 늘려뜨기

S 라인 햇 / photo p.25

[재료]

· 실: 하마나카 에코안다리아(40g/볼)

　　　베이지(23)125g, 블랙(30)15g

· 바늘: 6/0호 코바늘

[게이지]

짧은뜨기 19코×22단/10cm×10cm

[사이즈] 머리둘레 57cm, 높이 18cm

[뜨는 법]

· 실 1겹, 지정된 색상으로 뜬다.

· 톱: 원형코잡기 하여 짧은뜨기로 코를 늘려가며 뜬다.

· 옆판: 코 늘림 부분을 뜬 후, 무늬뜨기로 늘림/줄임 없이 뜬다.

· 모자챙: 짧은뜨기로 코를 늘려가며 뜬다. 맨 마지막단은 빼
　　뜨기로 뜬다.

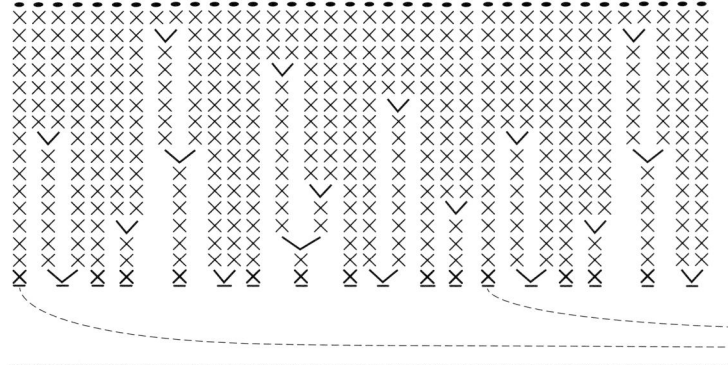

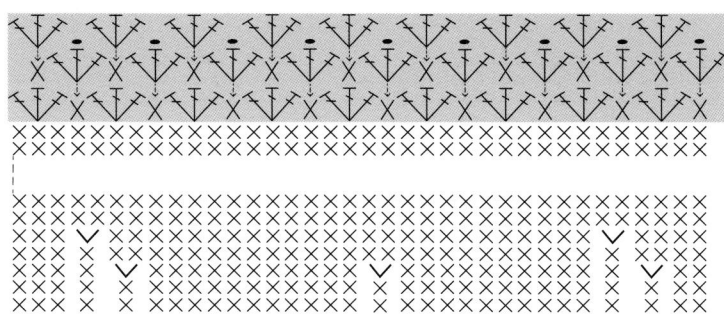

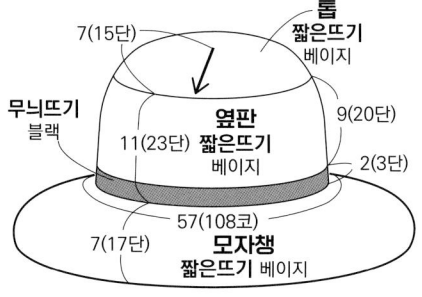

코 늘리는 방법

	단수	콧수	코 늘림
모자챙	16,17	216코	늘림 없음
	15	216코	9코 늘린다
	14	207코	늘림 없음
	13	207코	9코 늘린다
	12	198코	늘림 없음
	11	198코	9코 늘린다
	10	189코	늘림 없음
	9	189코	단마다 9코 늘린다
	8	180코	
	7	171코	늘림 없음
	6	171코	
	5	162코	단마다 9코 늘린다
	4	153코	
	3	144코	
	2	135코	늘림 없음
	1	135코	27코 늘린다
옆판	6~23	108코	늘림 없음
	5	108코	4코 늘린다
	4	104코	늘림 없음
	3	104코	8코 늘린다
	1,2	96코	늘림 없음
톱	15	96코	단마다 8코 늘린다
	14	88코	
	13	80코	늘림 없음
	12	80코	
	11	72코	단마다 8코 늘린다
	10	64코	
	9	56코	늘림 없음
	8	56코	
	7	48코	단마다 8코 늘린다
	6	40코	
	5	32코	늘림 없음
	4	32코	
	3	24코	단마다 8코 늘린다
	2	16코	
	1	8코	

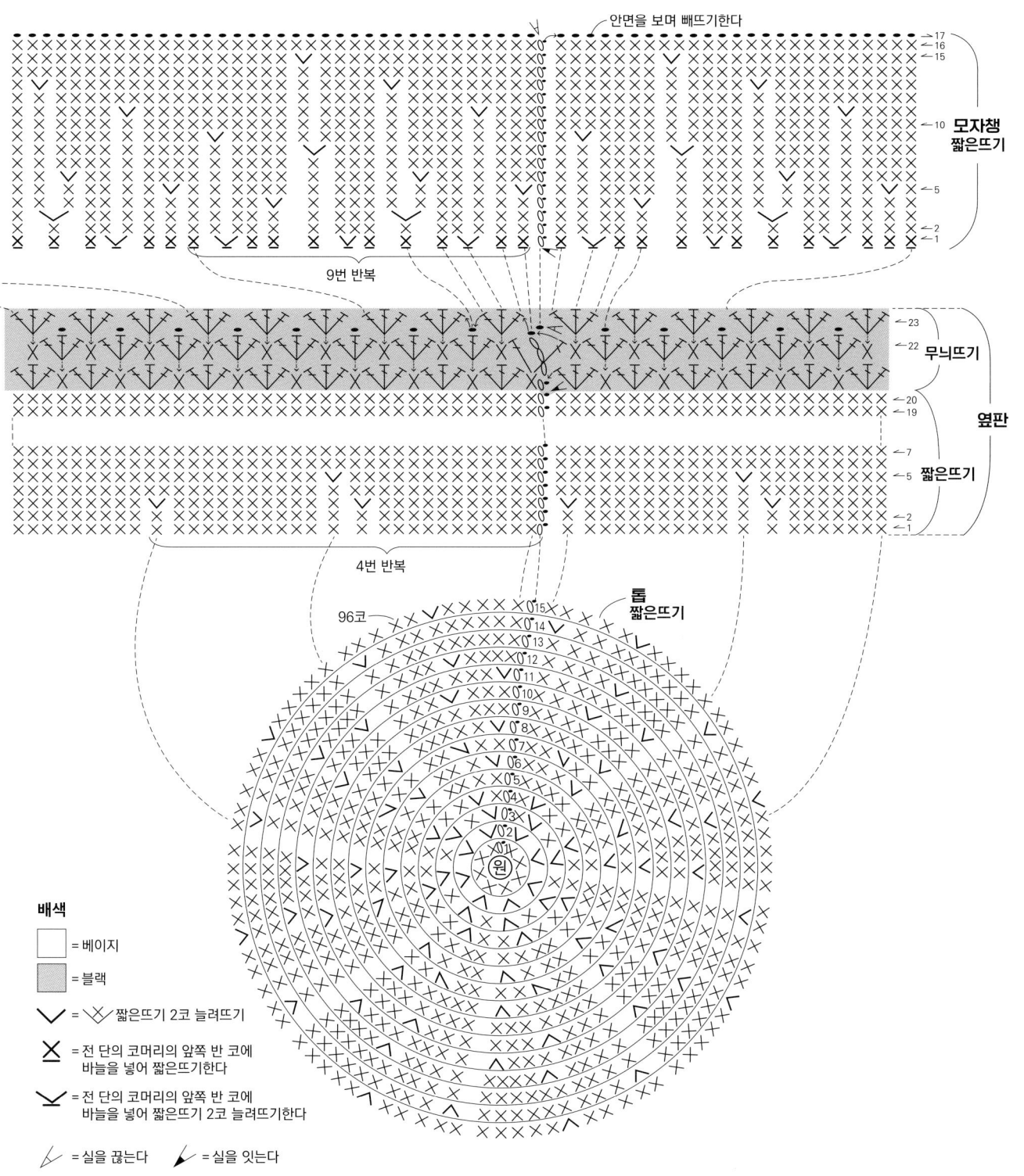

안면을 보며 빼뜨기한다

←17
←16
←15

모자챙
짧은뜨기

←10

←5

←2
←1

9번 반복

←23
←22 **무늬뜨기**

옆판

←20
←19

←7

←5 **짧은뜨기**

←2
←1

4번 반복

96코

톱
짧은뜨기

원

배색

= 베이지

= 블랙

= 짧은뜨기 2코 늘려뜨기

= 전 단의 코머리의 앞쪽 반 코에
  바늘을 넣어 짧은뜨기한다

= 전 단의 코머리의 앞쪽 반 코에
  바늘을 넣어 짧은뜨기 2코 늘려뜨기한다

= 실을 끊는다   = 실을 잇는다

T 비침무늬 버킷 햇 / photo p.26

[재료]

· 실: 하마나카 에코안다리아 크로셰 (30g/1볼)

　　베이지(803) 60g

· 바늘: 4/0호 코바늘

[게이지]

한길긴뜨기 26코×11단/10cm×10cm

무늬뜨기A 26코×11단/10cm×10cm

무늬뜨기B 26코×16단/10cm×10cm

[사이즈] 머리둘레 56cm, 높이 17.5cm

[뜨는 법]

· 실 1겹으로 뜬다.

· 톱: 원형코잡기하여 한길긴뜨기로 코를 늘려가며 뜬다.

· 옆판: 한길긴뜨기로 코를 늘려가며 뜬다. 무늬뜨기A로 코늘림/줄임 없이 뜬다.

· 모자챙: 무늬뜨기B와 짧은뜨기로 코를 늘려가며 뜬다. 마지막 단은 빼뜨기로 뜬다.

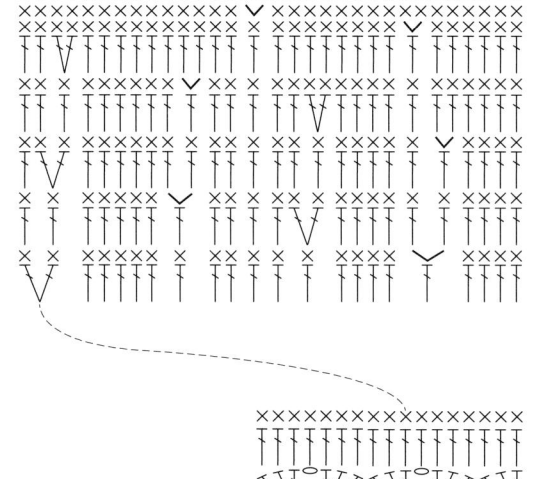

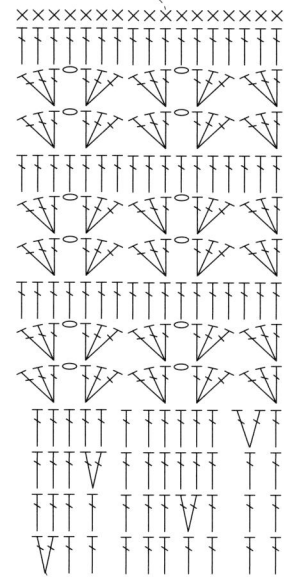

코늘림 방법

	단수	콧수	코늘림
모자챙	12	224코	늘림 없음
	11	224코	
	10	217코	
	9	210코	
	8	203코	단마다
	7	196코	7코 늘린다
	6	189코	
	5	182코	
	4	175코	
	3	168코	
	2	161코	
	1	154코	
옆판	6~14	147코	늘림 없음
	5	147코	21코 늘린다
	4	126코	
	3	117코	단마다 9코 늘린다
	2	108코	
	1	99코	
톱	6	90코	단마다
	5	75코	15코
	4	60코	늘린다
	3	45코	
	2	30코	
	1	15코	

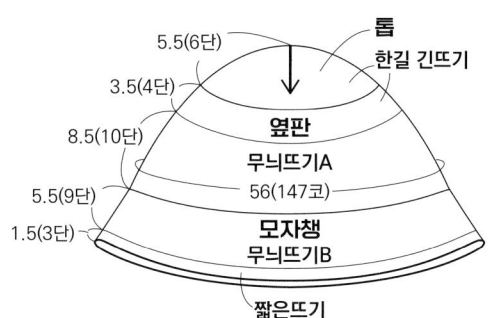

톱
한길 긴뜨기
5.5(6단)
3.5(4단)
8.5(10단)
옆판
무늬뜨기A
56(147코)
5.5(9단)
1.5(3단)
모자챙
무늬뜨기B
짧은뜨기

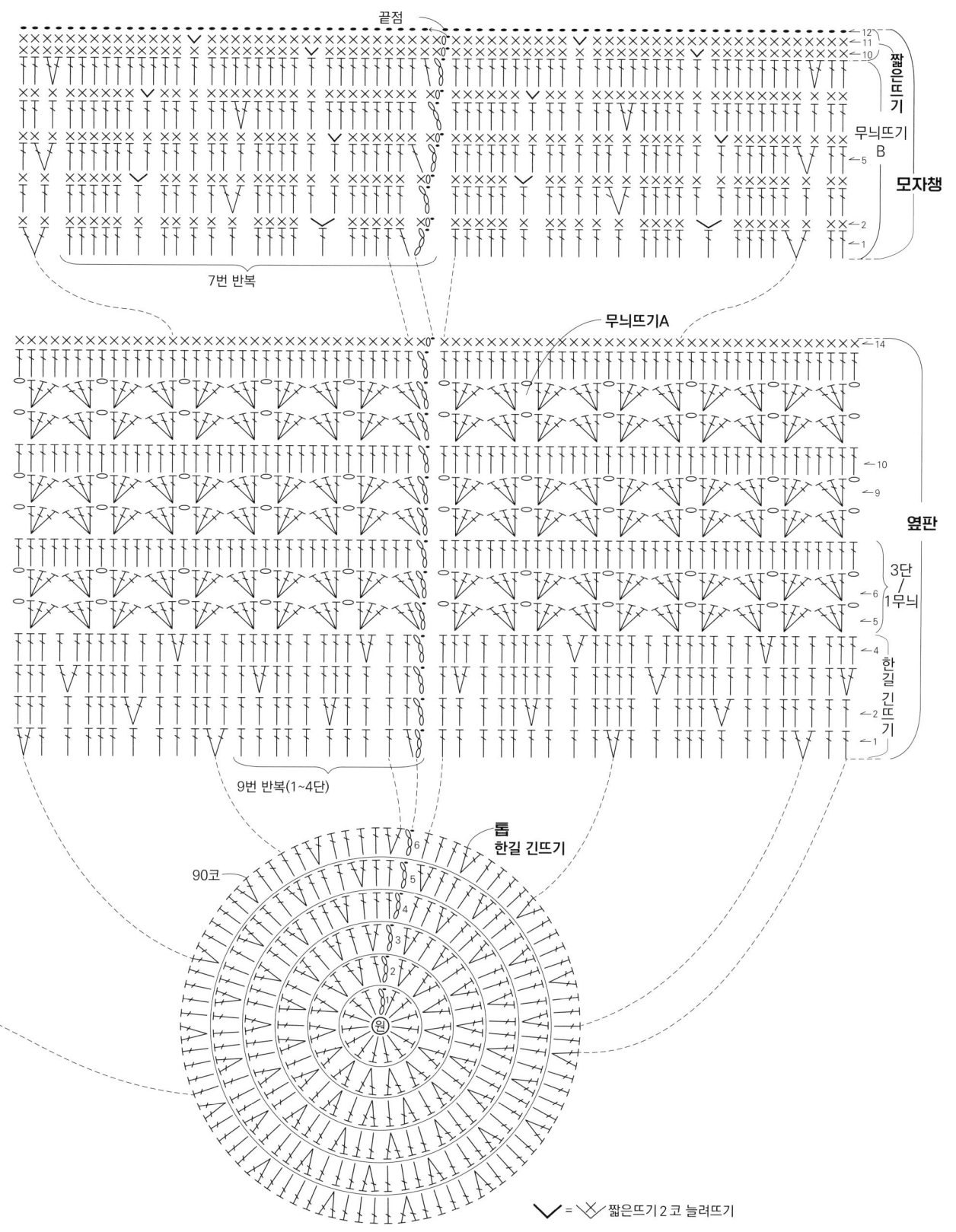

끝점

12
11
10

무늬뜨기
B

5

모자챙

7번 반복

무늬뜨기A

14

옆판

10
9

3단
1무늬

6
5

4

한길
긴뜨
기

2
1

9번 반복(1~4단)

톱
한길 긴뜨기

90코

6
5
4
3
2
1
원

∨ = 짧은뜨기 2 코 늘려뜨기

U 조개무늬 주머니백 / photo p.27

[재료]
· 실: 하마나카 에코안다리아(40g/볼) 핑크(71) 125g
· 바늘: 6/0호 코바늘

[게이지]
무늬뜨기   1무늬×4단(1무늬)/8㎝×4.5㎝

[사이즈]
폭 34㎝, 높이 32㎝

[뜨는 법]
· 실 1겹으로 뜬다.
· 본체: 사슬뜨기 65코로 시작코를 잡아 무늬뜨기로 뜬다. 같은 모양으로 2
  장 뜬다. 본체 2장을 안면끼리 마주대로 겹쳐서 짧은뜨기와 사슬뜨기로 잇
  는다.
· 손잡이: 사슬뜨기 4코로 시작코를 잡아 한길긴뜨기로 뜬다. 본체의 입구 안
  쪽에 꿰매 단다.
· 사슬뜨기로 끈을 떠서 본체의 지정 위치에 꿰고 끝을 묶는다.

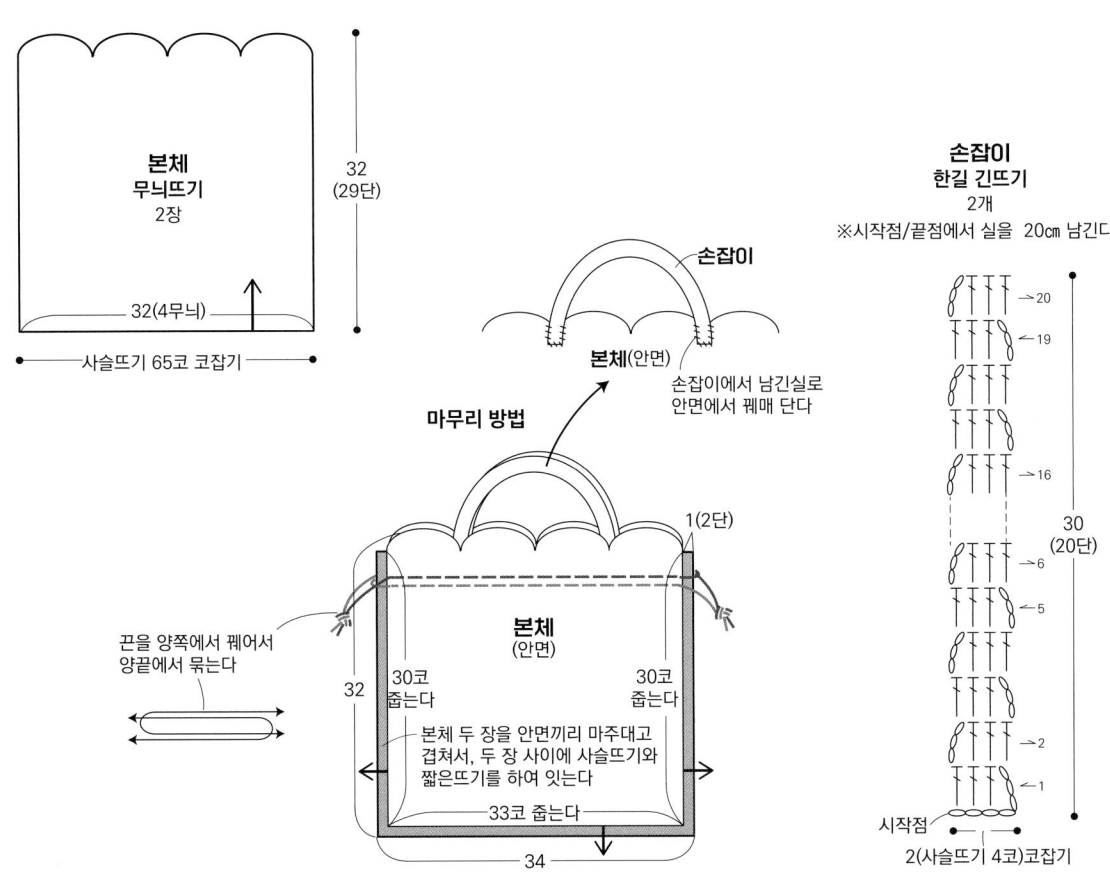

78

끈
사슬뜨기
2개

시작 ●━━━ 75(사슬뜨기140코) ━━━➤

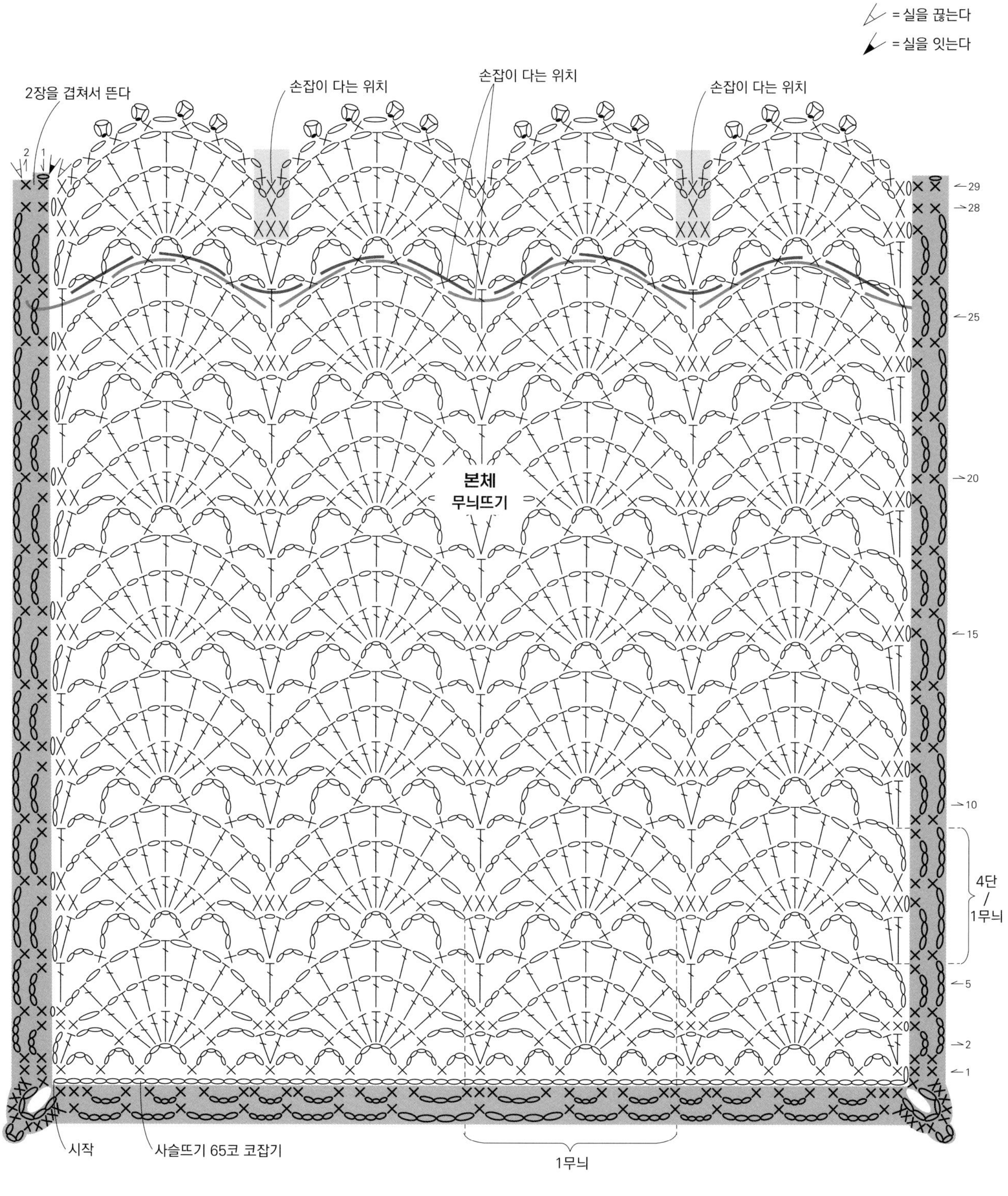

↙ = 실을 끊는다
↙ = 실을 잇는다

2장을 겹쳐서 뜬다

손잡이 다는 위치   손잡이 다는 위치   손잡이 다는 위치

본체
무늬뜨기

→ 29
→ 28
→ 25
→ 20
→ 15
→ 10
→ 5
→ 2
→ 1

4단
/
1무늬

시작

사슬뜨기 65코 코잡기

1무늬

79

V 토끼풀 마르쉐 백 / photo p.28

[재료]
- 실: 하마나카 에코안다리아(40g/볼)

  베이지(23)140g, 올리브(61)25g, 오프화이트(168)20g
- 바늘: 5/0호 코바늘

[게이지] 짧은 줄기뜨기, 짧은 줄기뜨기의 배색무늬

  23코×17.5단/10cm×10cm

[사이즈] 입구 폭 31.5cm 바닥판 직경 20cm 높이 20cm

[뜨는 법]
- 실은 한겹으로, 지정된 색상으로 뜬다.
- 바닥판: 원형코잡기하여 짧은 줄기뜨기로 코를 늘려가며 뜬다.
- 앞뒤판: 짧은 줄기뜨기, 짧은 줄기뜨기의 배색무늬로 코줄임/늘림 없이 뜬다(배색실을 바탕실로 감싸가며 뜬다). 마지막으로 테두리뜨기를 한다.
- 손잡이:사슬뜨기 3코로 시작코를 잡아 짧은뜨기로 뜬다. 계속해서 가장자리에 테두리뜨기한다.
- 손잡이를 앞뒤판의 안면에 꿰매 단다.

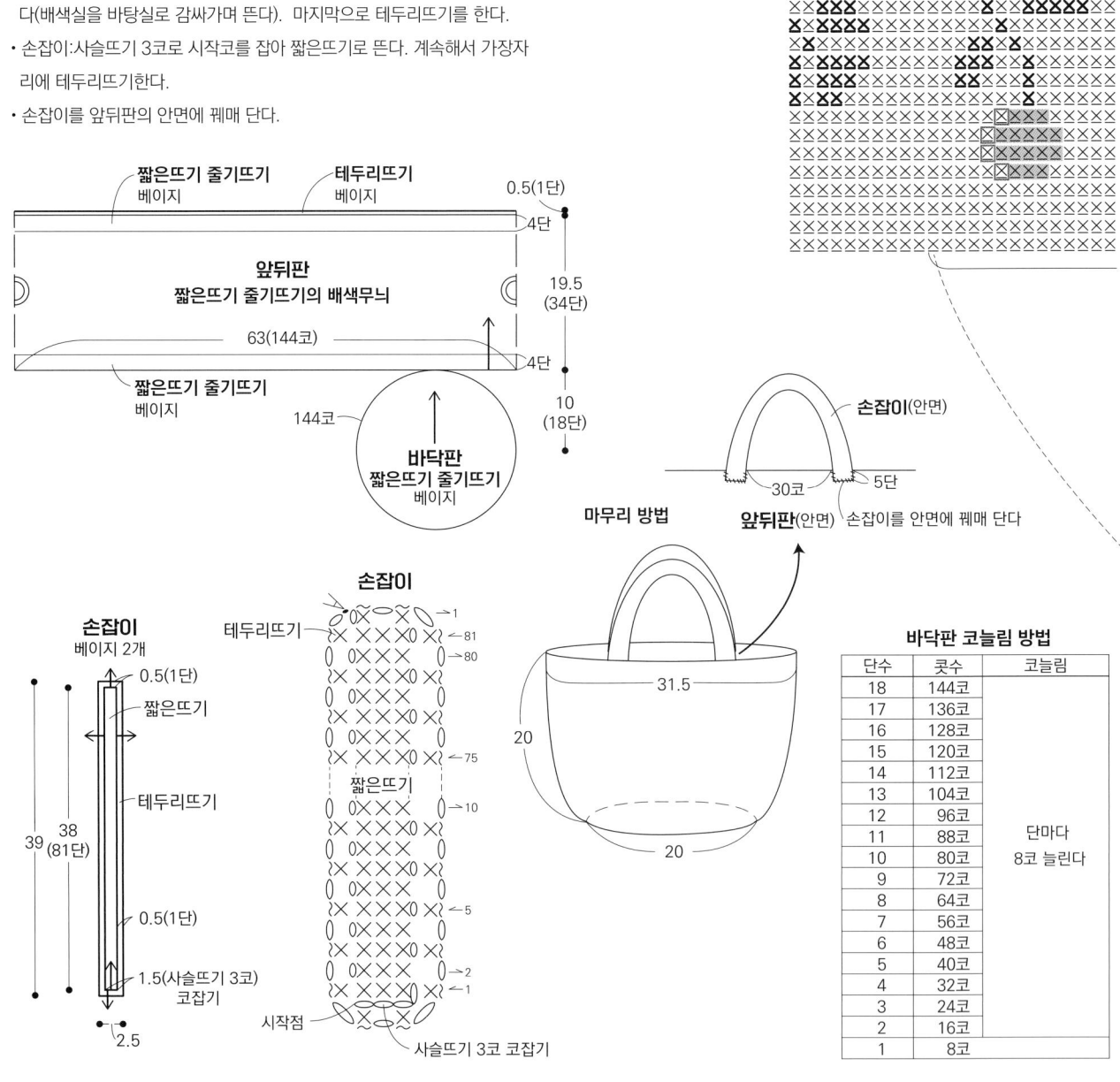

짧은뜨기 줄기뜨기 베이지
테두리뜨기 베이지
0.5(1단)
4단
앞뒤판
짧은뜨기 줄기뜨기의 배색무늬
19.5 (34단)
63(144코)
4단
짧은뜨기 줄기뜨기 베이지
144코
10 (18단)
바닥판 짧은뜨기 줄기뜨기 베이지

옆선

손잡이(안면)
30코 5단
앞뒤판(안면) 손잡이를 안면에 꿰매 단다

마무리 방법
31.5
20
20

손잡이 베이지 2개
0.5(1단)
짧은뜨기
테두리뜨기
39 38 (81단)
0.5(1단)
1.5(사슬뜨기 3코) 코잡기
2.5

손잡이
테두리뜨기 ←1 ←81 80
짧은뜨기 ←75 ←10 ←5 ←2 ←1
시작점
사슬뜨기 3코 코잡기

바닥판 코늘림 방법

단수	콧수	코늘림
18	144코	
17	136코	
16	128코	
15	120코	
14	112코	
13	104코	
12	96코	
11	88코	단마다 8코 늘린다
10	80코	
9	72코	
8	64코	
7	56코	
6	48코	
5	40코	
4	32코	
3	24코	
2	16코	
1	8코	

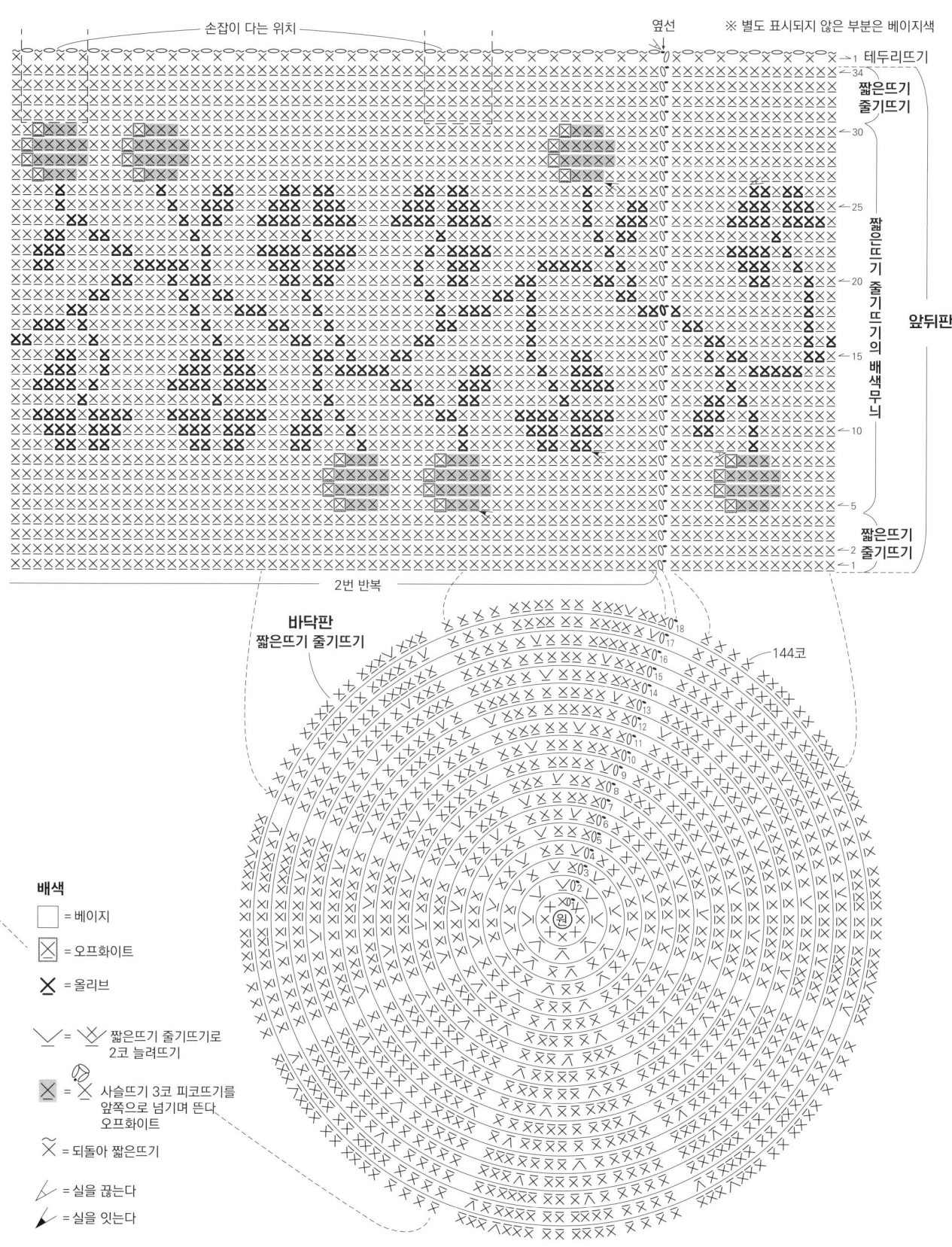

W 투웨이 숄더백 / photo p.29

[재료]
· 실: 하마나카 에코안다리아(40g/볼) 베이지(23) 195g
· 바늘: 5/0호 코바늘
· 기타: 자석 똑딱단추 14mm(금색/H206-047-1) 1쌍
[게이지] 무늬뜨기 26코×10단/10㎝×10㎝
         짧은 줄기뜨기 18.5코×16단/10㎝×10㎝
[사이즈] 폭 20㎝ 높이, 17.5㎝, 두께 14㎝
[뜨는 법]
· 실 1겹으로 뜬다.
· 본체(바닥판, 앞뒤판): 사슬뜨기 49코로 시작코를 잡아 무늬뜨기로 뜬다.

· 뚜껑: 첫번째 단에서 코를 줄여 무늬뜨기한다.
· 바닥판의 시작코에서 코를 주워 반대쪽 바닥판과 옆판을 무늬뜨기로 뜨고, 마지막 단을 짧은 줄기뜨기로 뜬다.
· 옆판: 사슬뜨기 26코로 시작코를 잡아 짧은 줄기뜨기(안면을 뜰 때에는 전 단의 앞쪽 반코를 줍는다)로 뜬다.
· 본체를 옆판과 겹쳐서 짧은뜨기로 잇고 뚜껑의 둘레에 테두리뜨기를 한다.
· 손잡이: 사슬뜨기 26코로 시작코를 잡아 짧은뜨기한다.
· 끈: 사슬뜨기 220코로 시작코를 잡아 짧은뜨기해서 만든다
· 끈, 손잡이: 위아래를 맞대고 양끝에서 6코씩 남기고 꿰맨다.
· 손잡이를 뚜껑에, 끈을 옆판에 꿰매 단다. 앞판과 뚜껑에 자석 똑딱단추를 단다.

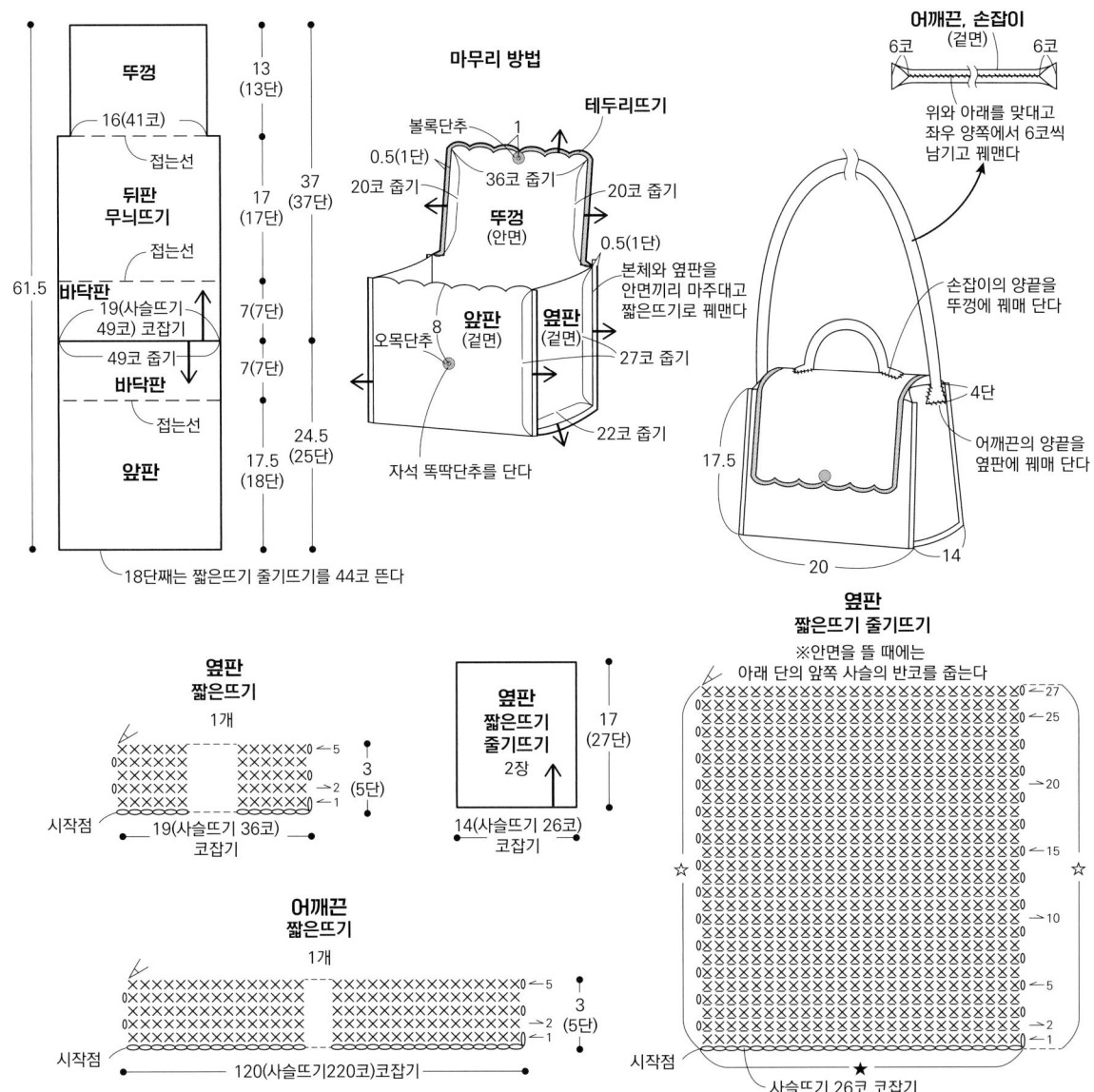

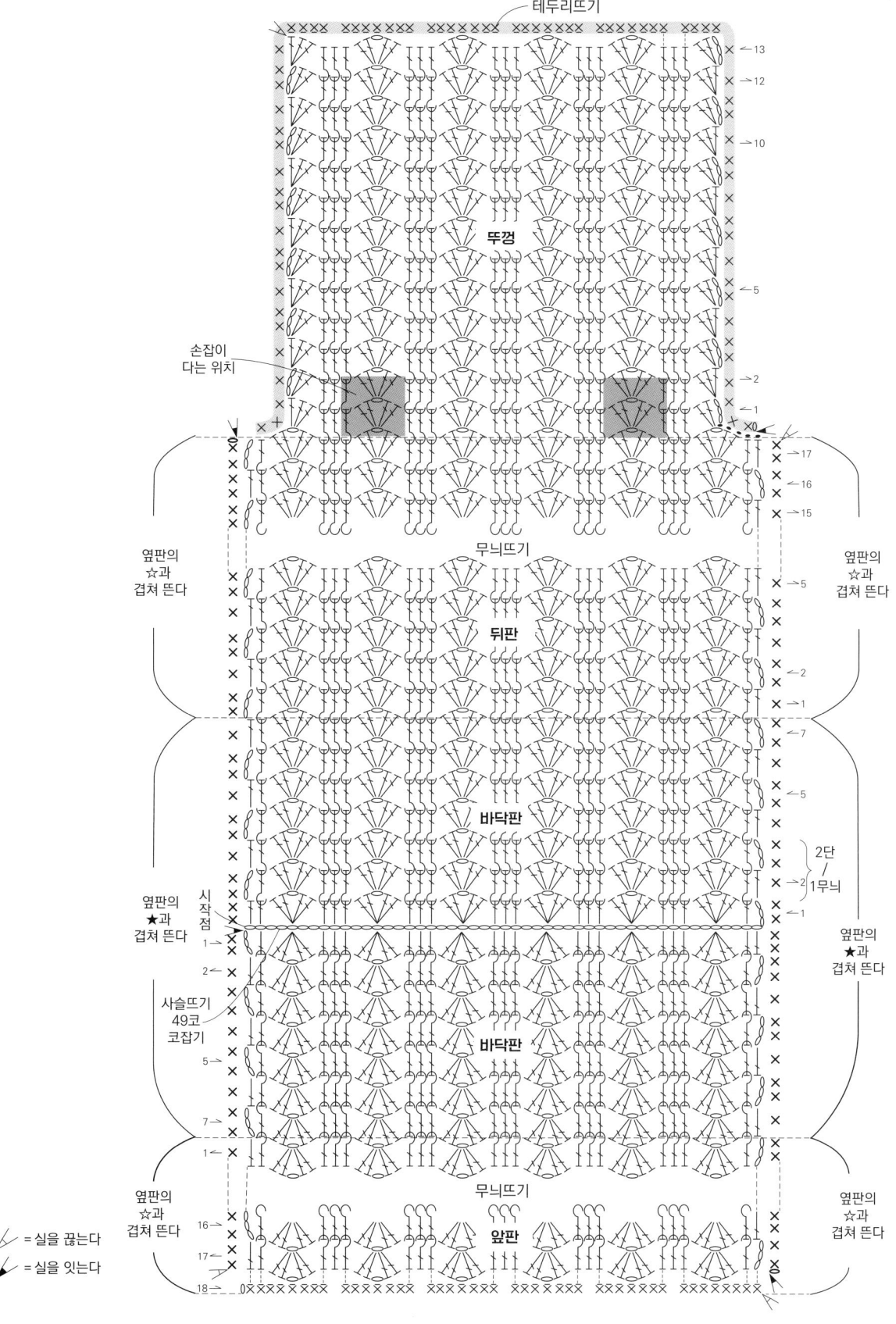

테두리뜨기

뚜껑

손잡이
다는 위치

←13
→12
←10
←5
→2
←1

옆판의
☆과
겹쳐 뜬다

옆판의
☆과
겹쳐 뜬다

무늬뜨기

뒤판

→17
←16
←15

←5
←2
→1

바닥판

→7
←5

2단
2
1무늬
←1

옆판의
★과
겹쳐 뜬다

시작점

사슬뜨기
49코
코잡기

바닥판

옆판의
★과
겹쳐 뜬다

1→
2→
5→
7→

1→

무늬뜨기

앞판

옆판의
☆과
겹쳐 뜬다

옆판의
☆과
겹쳐 뜬다

16→
17→
18→

= 실을 끊는다
= 실을 잇는다

83

Y 격자무늬 토트백 / photo p.31

[재료]

· 실: 하마나카 에코안다리아(40g/볼) 베이지(23) 200g
· 바늘: 5/0호 코바늘
· 기타: 인조가죽 타원형 가방 바닥판(베이지/H204-618-1)1개

[게이지] 무늬뜨기 19코×9단/10cm×10cm

[사이즈] 입구 폭 38cm, 높이 27.5cm

[뜨는 법]

· 실 1겹으로 뜬다.
· 가방 바닥판의 구멍에 짧은뜨기를 떠넣는다. (p.35 참고)
· 옆판: 무늬뜨기로 코늘림/줄임 없이 뜬다.
· 입구를 짧은뜨기 이랑뜨기로 뜬다(옆판의 방향을 바꿔가며 왕복뜨기로 원통으로 뜬다)
· 손잡이끈을 새우뜨기(p.48 참고)로 만들어서 지정된 위치에 꿰어서 원으로 잇는다.

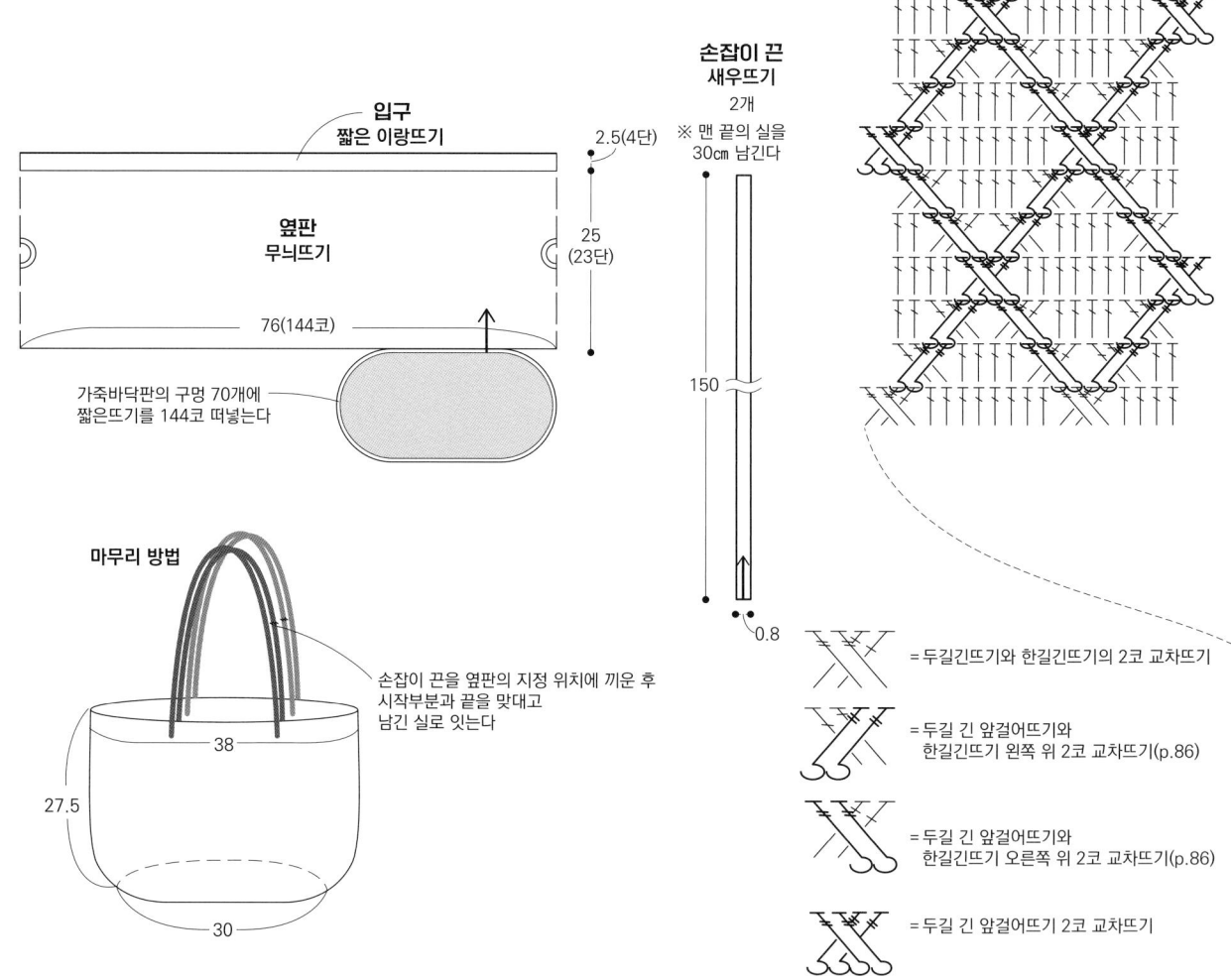

옆선

입구
짧은 이랑뜨기

2.5(4단)

옆판
무늬뜨기

25
(23단)

76(144코)

가죽바닥판의 구멍 70개에
짧은뜨기를 144코 떠넣는다

손잡이 끈
새우뜨기
2개
※ 맨 끝의 실을
30cm 남긴다

150

0.8

마무리 방법

38

27.5

30

손잡이 끈을 옆판의 지정 위치에 끼운 후
시작부분과 끝을 맞대고
남긴 실로 잇는다

= 두길긴뜨기와 한길긴뜨기의 2코 교차뜨기

= 두길 긴 앞걸어뜨기와
한길긴뜨기 왼쪽 위 2코 교차뜨기(p.86)

= 두길 긴 앞걸어뜨기와
한길긴뜨기 오른쪽 위 2코 교차뜨기(p.86)

= 두길 긴 앞걸어뜨기 2코 교차뜨기

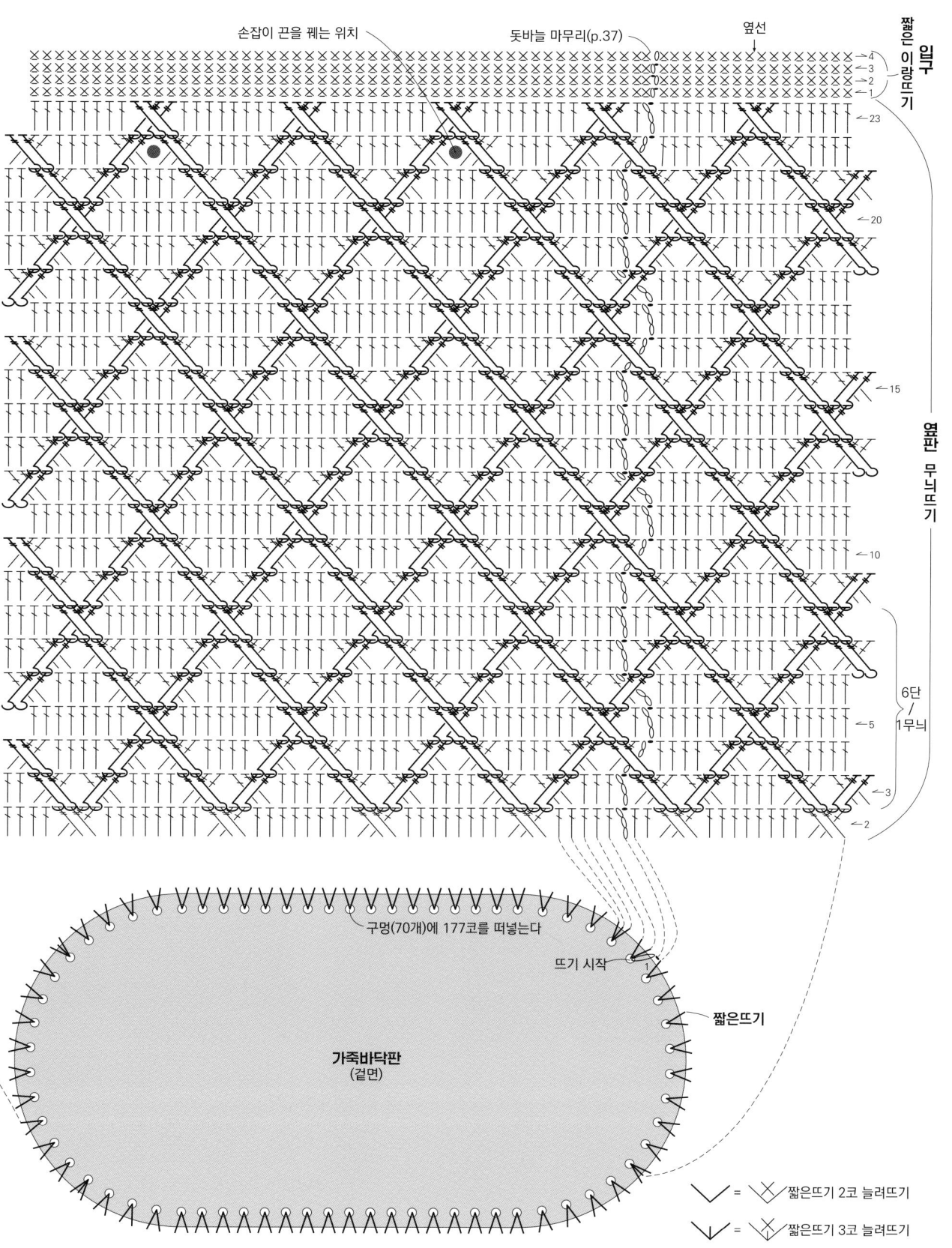

두길긴뜨기의 앞걸어뜨기와 한길긴뜨기2코 교차뜨기(왼쪽 위)

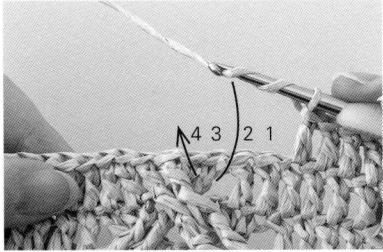

1. 교차뜨기할 곳 전 단의 1, 2번 코를 지나 3번 코의 기둥을 화살표 방향으로 주워 두길긴뜨기 한다.

2. 바늘을 넣은 모습 실을 긴듯이 당기며 뜬다.

3. 코를 뜬 모습. 같은 요령으로 4번 코의 기둥에도 두길긴뜨기 앞걸어뜨기한다.

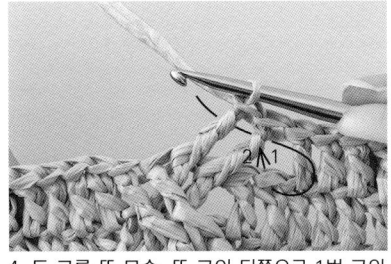

4. 두 코를 뜬 모습. 뜬 코의 뒤쪽으로 1번 코의 코머리를 주워 한길긴뜨기한다.

5. 한 코를 떴다. 계속해서 두 번째 코도 같은 요령으로 한길긴뜨기한다.

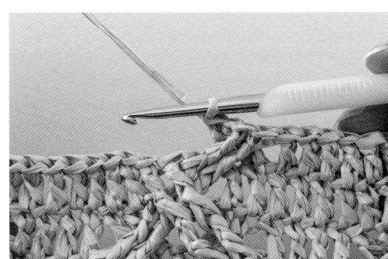

6. 두 코를 뜬 모습. 교차무늬가 생겼다.

두길긴뜨기의 앞걸어뜨기와 한길긴뜨기2코 교차뜨기(오른쪽 위)

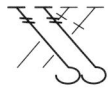

1. 교차뜨기할 곳 전 단의 1, 2번 코를 지나 3, 4번 코에 한길긴뜨기한다.

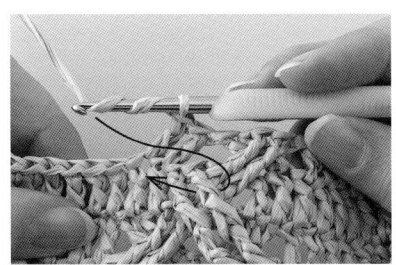

2. 두 코를 뜬 모습.1번의 코 기둥에 화살표처럼 겉면에서 코를 주워 두길긴뜨기한다.

3. 바늘을 넣은 모습

4. 두길긴뜨기를 뜬 모습. 같은 요령으로 2번 코의 기둥에서 코를 주워 두길긴뜨기한다.

6. 두 코를 뜬 모습. 교차무늬가 생겼다.

X 심플 마르쉐 백 ╱ *photo p.30*

[재료]
· 실: 하마나카 에코안다리아(40g/볼) 베이지(23)240g
· 바늘 5/0호, 6/0호 코바늘

[게이지]
짧은뜨기 20코×20단/10cm×10cm(5/0호 바늘)
무늬뜨기 19코×7단/10cm ×3cm(1무늬)

[사이즈] 입구 폭 45.5cm, 바닥판 직경 18cm, 높이 21.5cm

[뜨는 법]
· 실 1겹, 지정된 호수의 바늘로 뜬다.
· 안바닥판: 원형코잡기 하여 짧은뜨기로 코를 늘려가며 뜨고 실을 끊는다.
· 바닥판: 원형코잡기 하여 짧은뜨기로 코를 늘려가며 뜬다.
· 앞뒤판: 짧은뜨기 뒤걸어뜨기로 뜨고, 2단째에서 안바닥판을 겹쳐서 짧은 뜨기로 잇는다. 3단 이후에서 무늬뜨기로 코를 늘려가며 뜬다.
· 손잡이를 사슬코잡기로 6코 잡아 짧은뜨기로 뜨고 사슬뜨기와 빼뜨기로 손잡이심을 뜬다. 손잡이의 위아래를 맞대어 양쪽에서 12단씩을 남기고 가운데에 손잡이심을 넣고 꿰맨다.
· 본체의 안면에 손잡이를 꿰매 단다.

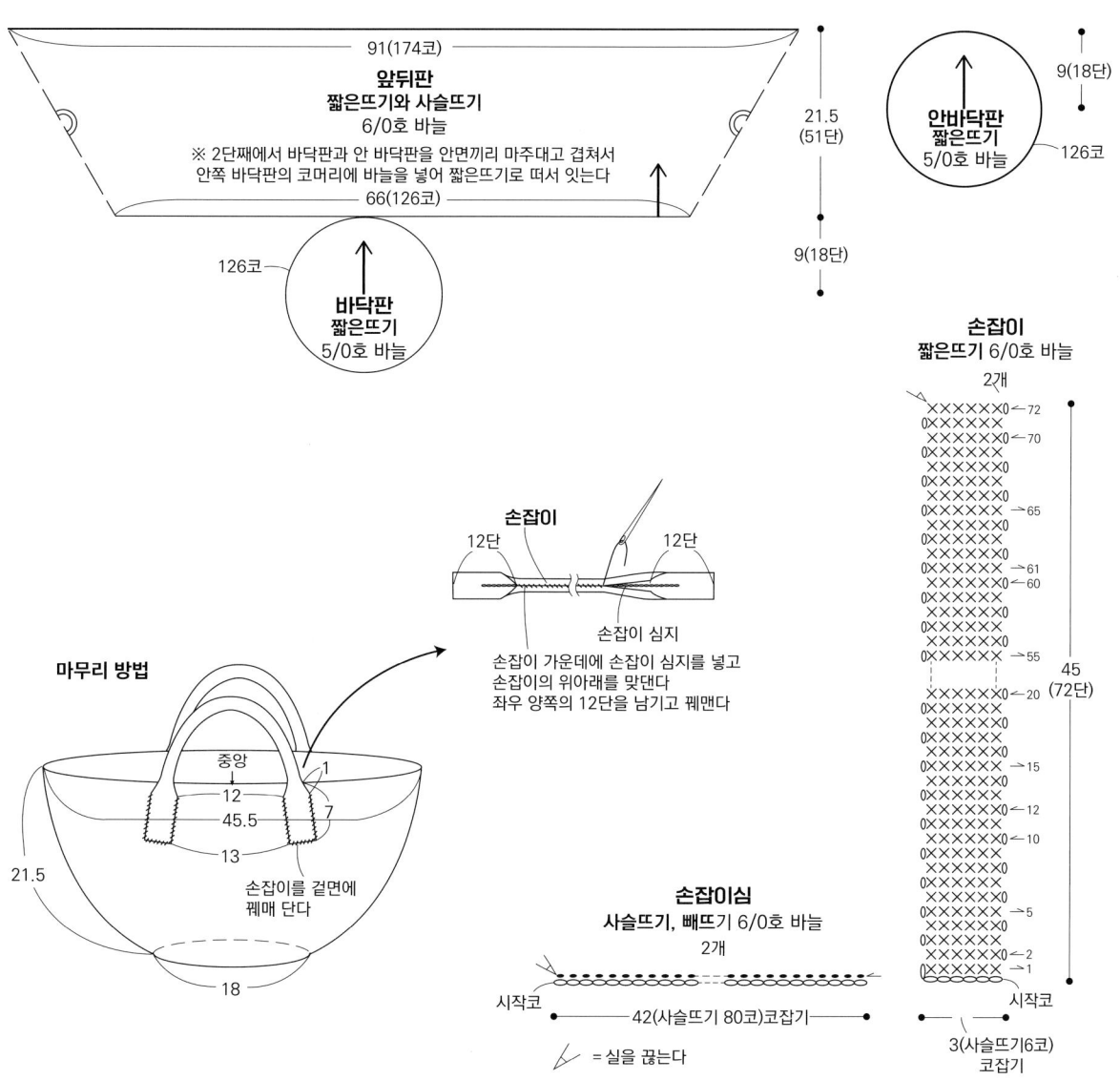

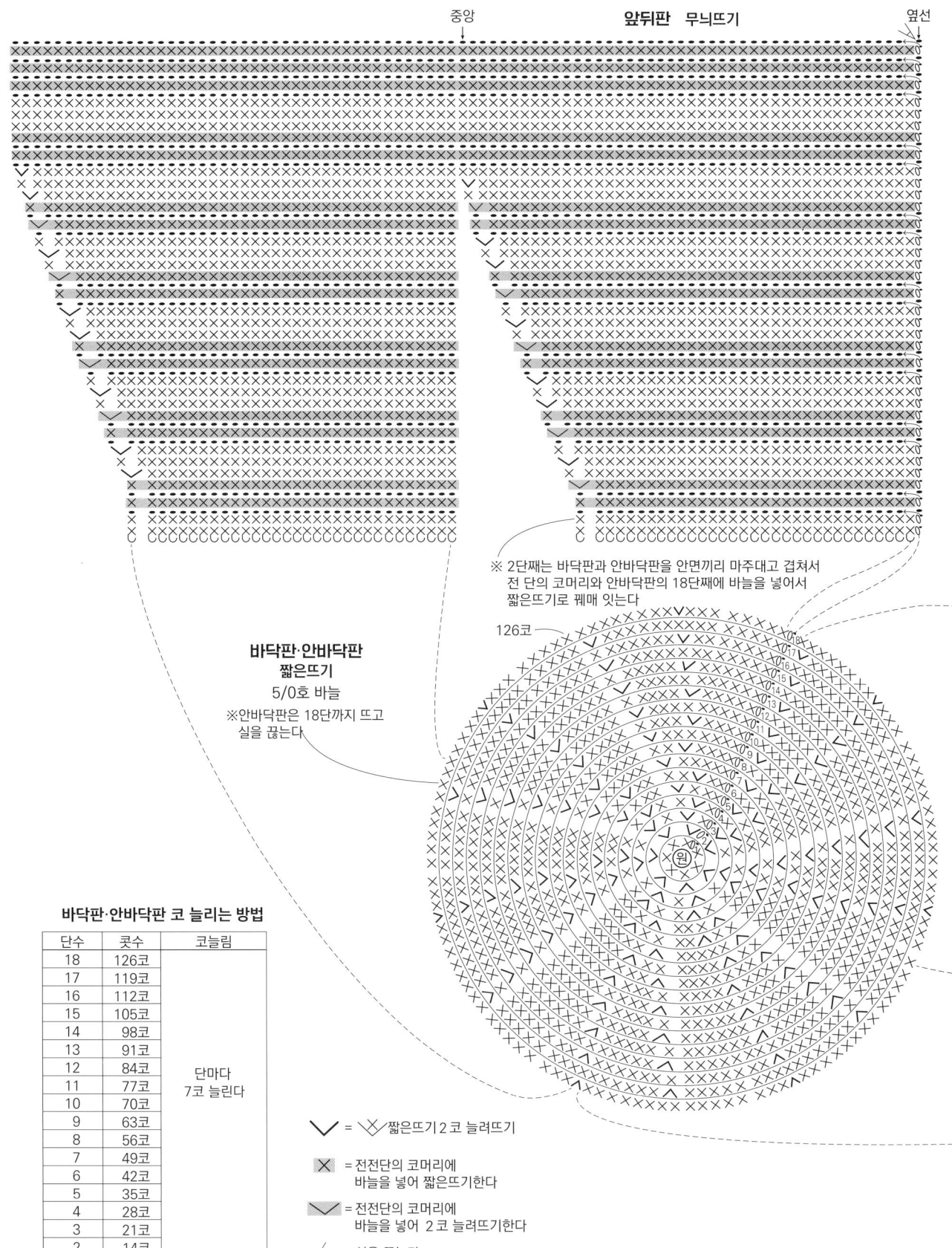

중앙

앞뒤판 무늬뜨기

옆선

※ 2단째는 바닥판과 안바닥판을 안면끼리 마주대고 겹쳐서
전 단의 코머리와 안바닥판의 18단째에 바늘을 넣어서
짧은뜨기로 꿰매 잇는다

바닥판·안바닥판
짧은뜨기
5/0호 바늘

※안바닥판은 18단까지 뜨고
실을 끊는다

126코

바닥판·안바닥판 코 늘리는 방법

단수	콧수	코늘림
18	126코	
17	119코	
16	112코	
15	105코	
14	98코	
13	91코	
12	84코	단마다
11	77코	7코 늘린다
10	70코	
9	63코	
8	56코	
7	49코	
6	42코	
5	35코	
4	28코	
3	21코	
2	14코	
1	7코	

= 짧은뜨기 2 코 늘려뜨기

= 전전단의 코머리에
바늘을 넣어 짧은뜨기한다

= 전전단의 코머리에
바늘을 넣어 2 코 늘려뜨기한다

= 실을 끊는다

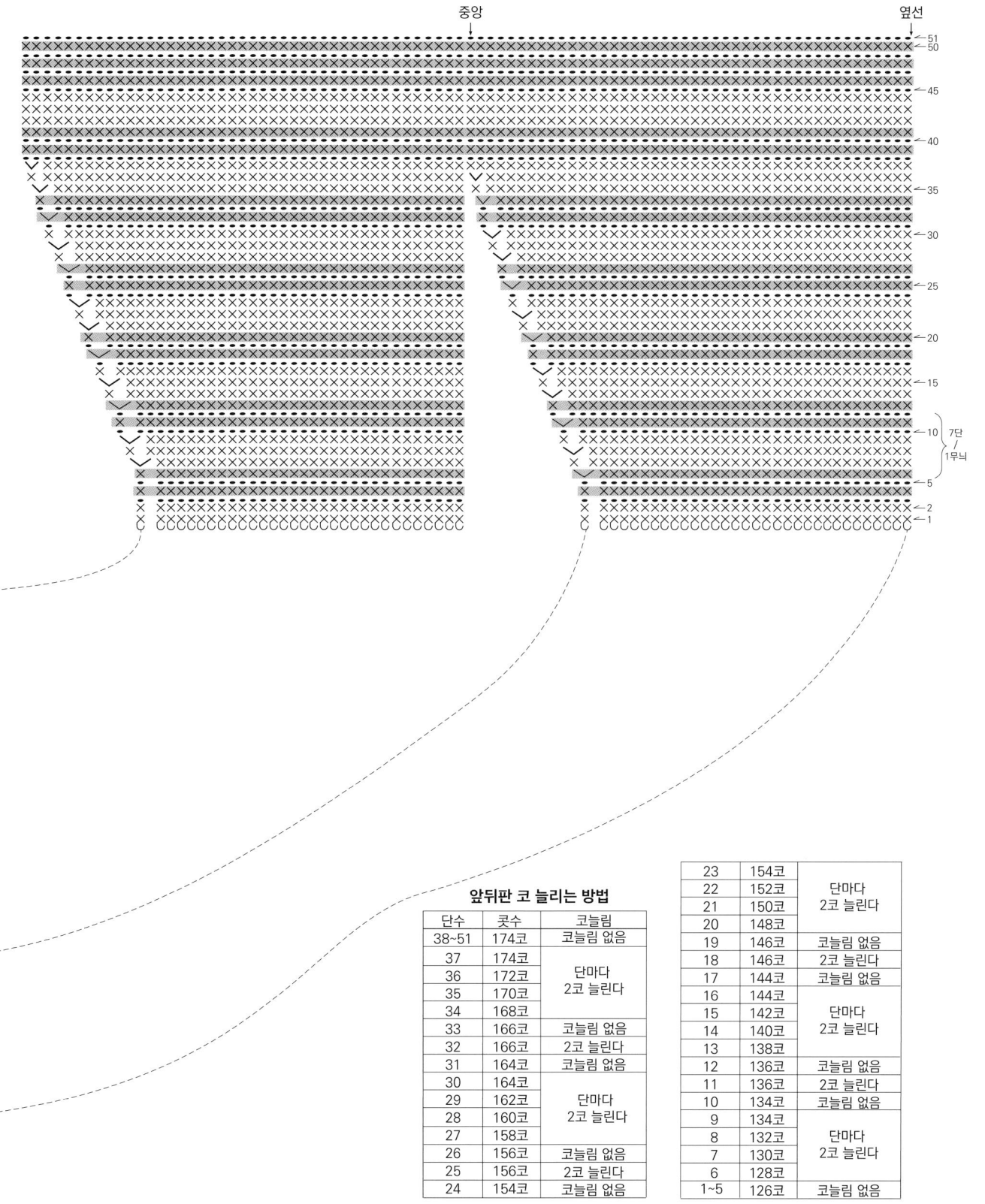

앞뒤판 코 늘리는 방법

단수	콧수	코늘림
38~51	174코	코늘림 없음
37	174코	단마다 2코 늘린다
36	172코	
35	170코	
34	168코	
33	166코	코늘림 없음
32	166코	2코 늘린다
31	164코	코늘림 없음
30	164코	단마다 2코 늘린다
29	162코	
28	160코	
27	158코	
26	156코	코늘림 없음
25	156코	2코 늘린다
24	154코	코늘림 없음

단수	콧수	코늘림
23	154코	단마다 2코 늘린다
22	152코	
21	150코	
20	148코	
19	146코	코늘림 없음
18	146코	2코 늘린다
17	144코	코늘림 없음
16	144코	단마다 2코 늘린다
15	142코	
14	140코	
13	138코	
12	136코	코늘림 없음
11	136코	2코 늘린다
10	134코	코늘림 없음
9	134코	단마다 2코 늘린다
8	132코	
7	130코	
6	128코	
1~5	126코	코늘림 없음

Z 부케 자수 클러치 백 / photo p.32

[재료]
- 실: 하마나카 에코안다리아(40g/볼) 회베이지(169)115g,
  머스터드(139), 그레이(151), 올리브(61) 각 소량
- 바늘: 6/0호 코바늘
- 기타: 자석 똑딱단추 18mm (앤틱/H206-041-3) 1쌍

[게이지] 짧은뜨기 19코×22단/10cm×10cm

[사이즈] 폭 24.5cm, 높이 19cm

[뜨는 법]
- 회베이지색 실 1겹으로 뜬다.
- 앞뒤판, 뚜껑: 사슬코잡기로 45코를 잡아 짧은뜨기로 뜬다.
- 똑딱단추 바탕: 원형코잡기하여 짧은뜨기로 코를 늘려가며 뜬다.
- 뚜껑에 자수를 놓는다.
- 앞뒤판의 접는선을 접어서 안면끼리 마주대고 양쪽을 회베이지색 실로 감
  침질한다. 자석 똑딱단추(볼록)을 앞판에 단다.
- 뚜껑 안면에 똑닥단추바탕을 꿰매 달고 자석 똑딱단추(오목)을 단다.

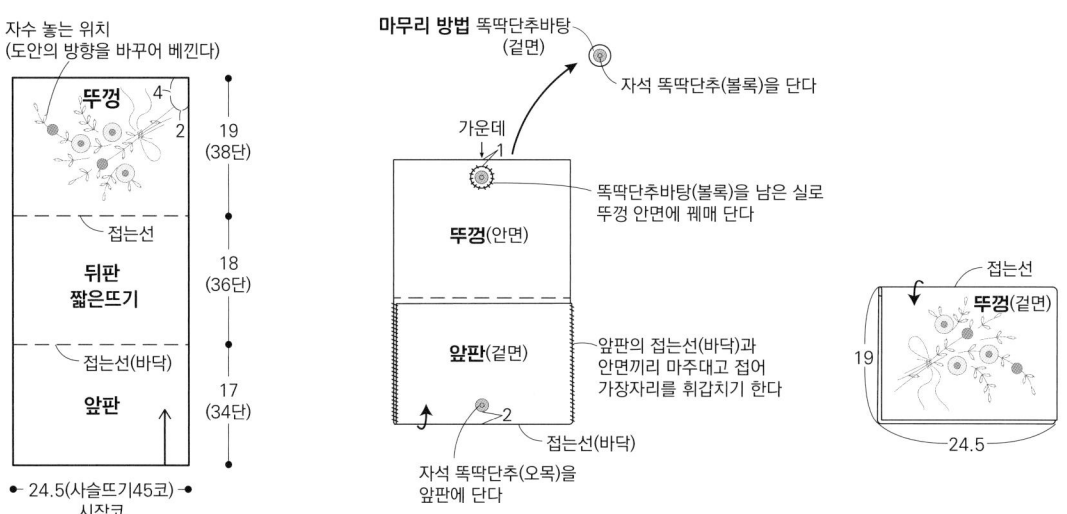

자수 도안(200% 확대하여 사용)
- 모든 실은 1겹으로 사용

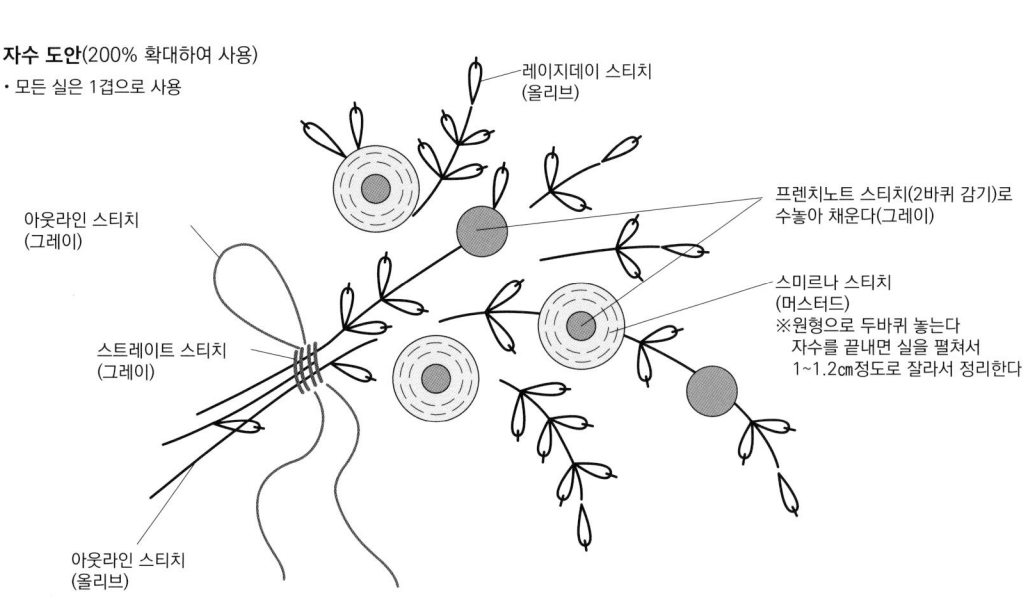

레이지데이 스티치
(올리브)

아웃라인 스티치
(그레이)

프렌치노트 스티치(2바퀴 감기)로
수놓아 채운다(그레이)

스트레이트 스티치
(그레이)

스미르나 스티치
(머스터드)
※원형으로 두바퀴 놓는다
  자수를 끝내면 실을 펼쳐서
  1~1.2cm정도로 잘라서 정리한다

아웃라인 스티치
(올리브)

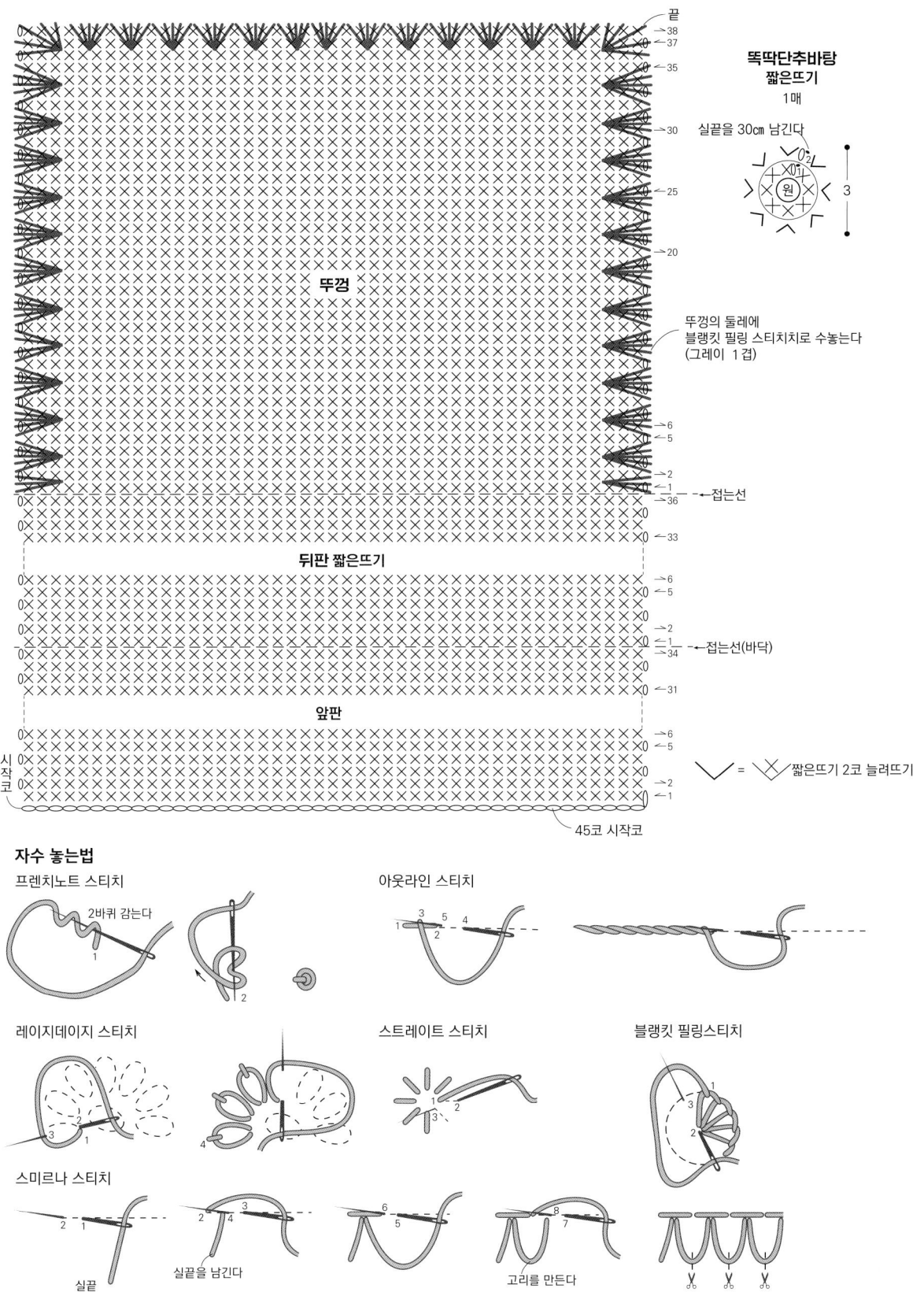

끝
→38
→37
→35

→30

→25

→20

똑딱단추바탕
짧은뜨기
1매

실끝을 30cm 남긴다

3

뚜껑

뚜껑의 둘레에
블랭킷 필링 스티치치로 수놓는다
(그레이 1겹)

→6
←5
→2
←1
←36 ←접는선
←33

뒤판 짧은뜨기

→6
←5
→2
←34 ←접는선(바닥)
←31

앞판

→6
←5
→2
←1

시작코

45코 시작코

∨ = ⨯ 짧은뜨기 2코 늘려뜨기

자수 놓는법

프렌치노트 스티치

2바퀴 감는다

1

2

아웃라인 스티치

3 5 4
1 2

레이지데이지 스티치

2
3 1

4

스트레이트 스티치

2
3

블랭킷 필링스티치

1
2

스미르나 스티치

2 1

실끝

2 4 3

실끝을 남긴다

6
5

고리를 만든다

8
7

5~8을 반복한다. 고리를 자른다.

[시작코]

사슬코잡기

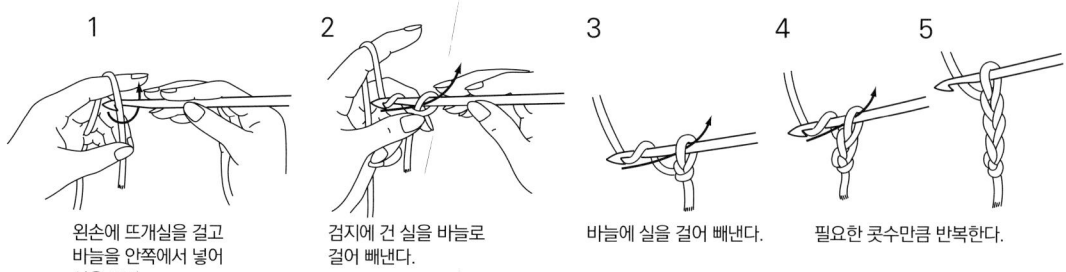

1
왼손에 뜨개실을 걸고 바늘을 안쪽에서 넣어 실을 꼰다.

2
검지에 건 실을 바늘로 걸어 빼낸다.

3
바늘에 실을 걸어 빼낸다.

4

5
필요한 콧수만큼 반복한다.

사슬코에서 줍는 코

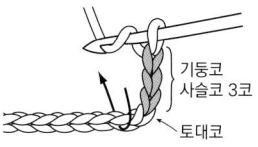

기둥코
사슬코 3코
토대코

반코와 코산에서 코를 줍는다

사슬모양으로 된 쪽을 아래로 놓고, 사슬 반코와 코산에 바늘을 넣는다.

사슬의 반코와 코산에 바늘을 넣는다. 시작코의 반대쪽에서 코를 주울 때에는 남은 사슬 반코를 줍는다.

원형 코잡기

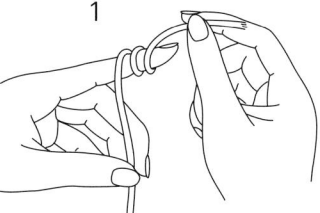
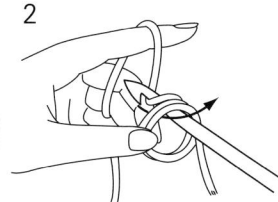
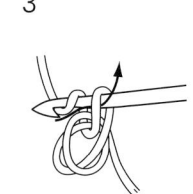

1
손가락에 실을 두바퀴 돌린다.

2
실 끝을 앞으로 해서 고리 안에서 실을 빼낸다.

3
1코 뜬다.
이 코는 기둥코의 콧수에 포함된다.

4

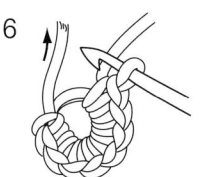
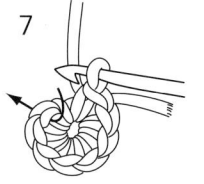
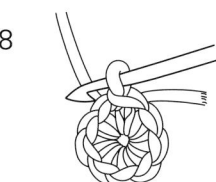

5
고리의 가운데에 바늘을 넣어 첫째 단에 필요한 콧수만큼 뜬다.

6
1단을 뜨면 실끝을 당겨서 고리를 조인다.

7
마지막코까지 뜨고 첫코의 코머리 2가닥에 바늘을 넣어 실을 걸어 빼뜬다.

8
첫 단을 다 뜬 모습

원형 사슬코잡기

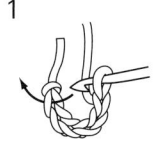
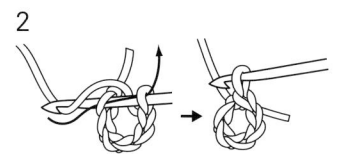

1
필요한 콧수만큼 사슬뜨기하고 첫 코의 사슬 반코와 코산에 바늘을 넣는다.

2
마지막 코는 바늘에 실을 걸어 빼낸다. (빼뜨기)

[뜨개 기호]

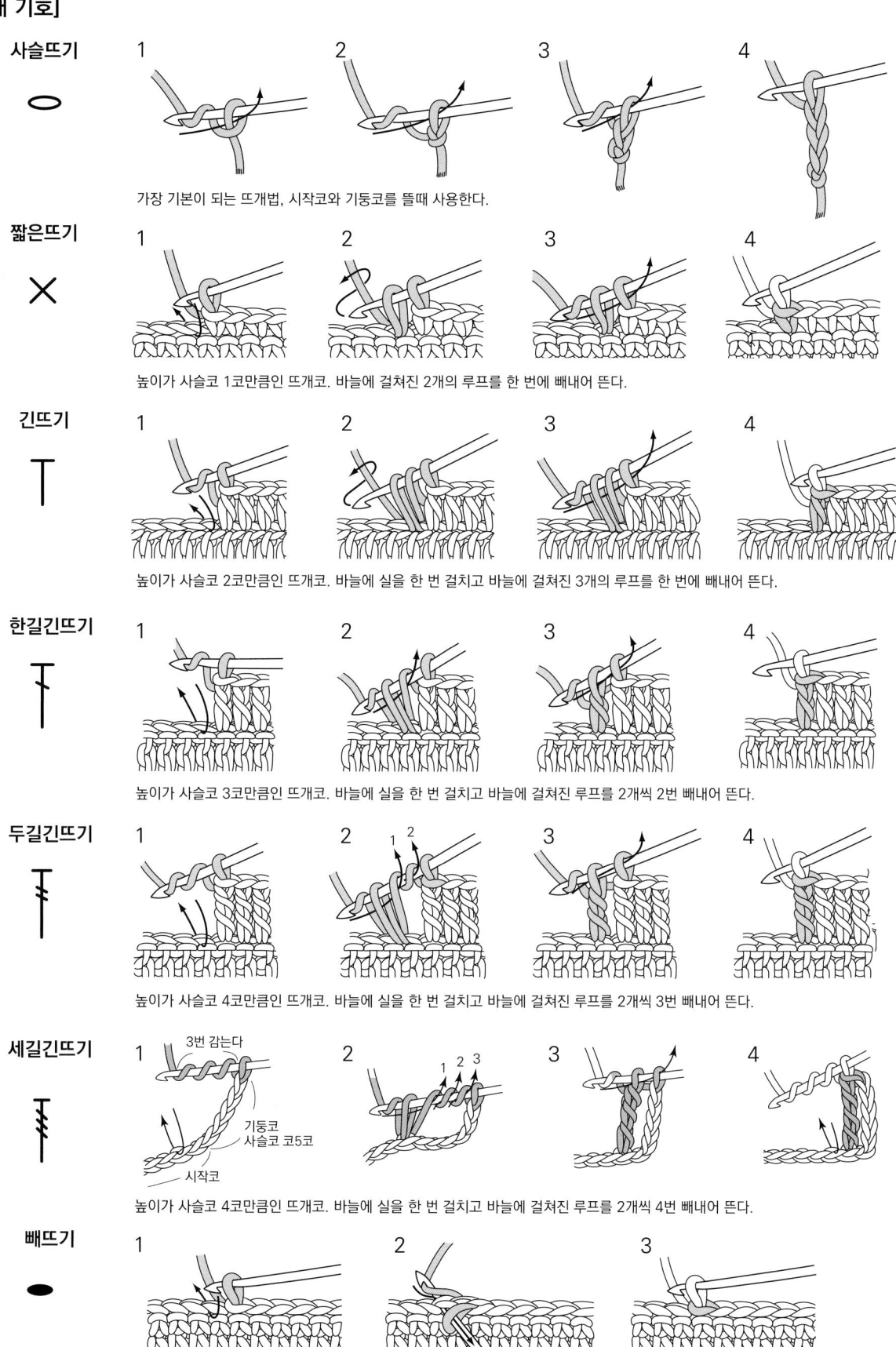

사슬뜨기
⬭

1　2　3　4

가장 기본이 되는 뜨개법, 시작코와 기둥코를 뜰때 사용한다.

짧은뜨기
✕

1　2　3　4

높이가 사슬코 1코만큼인 뜨개코. 바늘에 걸쳐진 2개의 루프를 한 번에 빼내어 뜬다.

긴뜨기
⊤

1　2　3　4

높이가 사슬코 2코만큼인 뜨개코. 바늘에 실을 한 번 걸치고 바늘에 걸쳐진 3개의 루프를 한 번에 빼내어 뜬다.

한길긴뜨기
⊤

1　2　3　4

높이가 사슬코 3코만큼인 뜨개코. 바늘에 실을 한 번 걸치고 바늘에 걸쳐진 루프를 2개씩 2번 빼내어 뜬다.

두길긴뜨기
⊤

1　2　3　4

높이가 사슬코 4코만큼인 뜨개코. 바늘에 실을 한 번 걸치고 바늘에 걸쳐진 루프를 2개씩 3번 빼내어 뜬다.

세길긴뜨기
⊤

1　2　3　4

3번 감는다
기둥코
사슬코 코5코
시작코

높이가 사슬코 4코만큼인 뜨개코. 바늘에 실을 한 번 걸치고 바늘에 걸쳐진 루프를 2개씩 4번 빼내어 뜬다.

빼뜨기
⬮

1　2　3

전 단의 뜨개코 코머리에 바늘을 넣고, 실을 걸어서 한 번에 빼내어 뜬다.

짧은 줄기뜨기

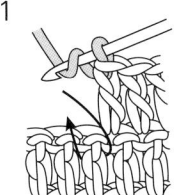 안면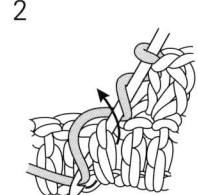

짧은 이랑뜨기

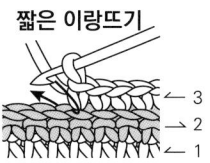

← 3
→ 2
← 1

전 단 코의 뒤쪽 반코를 주워 짧은뜨기 한다.
※ 긴뜨기, 빼뜨기도 같은 방법으로 뜬다.

전 단 코의 뒤쪽 코의 사슬을 반코 주워 짧은뜨기
줄기뜨기하는 방법으로 왕복하며 뜬다.
※ 빼뜨기도 같은 방법으로 뜬다.

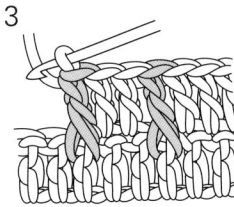

**한길긴뜨기
앞걸어뜨기**

1 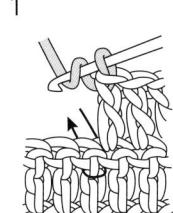　　2 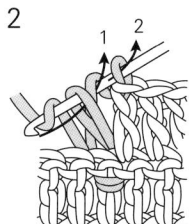　　3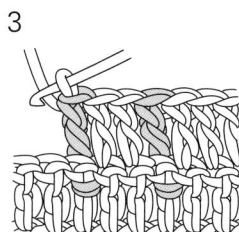

전 단의 기둥을 앞쪽에서 주워서, 실을 긴듯이 빼내어 한길긴뜨기를 뜬다.
※ 두길긴뜨기도 같은 방법으로 뜬다.

**한길긴뜨기
뒤걸어뜨기**

1 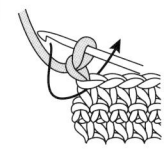　　2 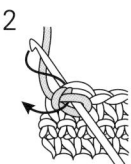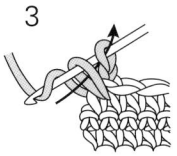　　3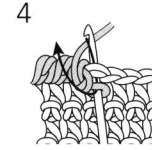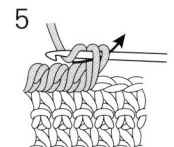

전 단의 기둥을 뒤쪽에서 주워서, 실을 긴듯이 빼내어 한길긴뜨기를 뜬다.
※ 짧은뜨기도 같은 방법으로 뜬다.

되돌아 짧은뜨기

1 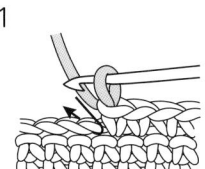　　2 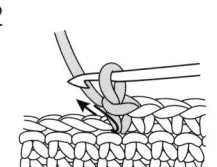　　3 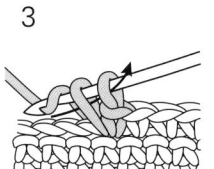　　4 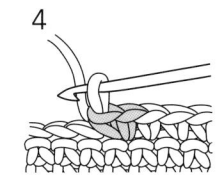　　5

마지막 코의 1코 전의 짧은뜨기에 바늘을 넣어 짧은뜨기 한다. 왼쪽에서 오른쪽으로 돌아오면서 짧은뜨기 한다.

**짧은뜨기
2코 늘려뜨기**

1 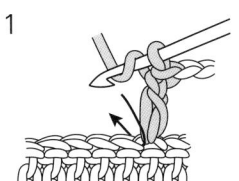　　2 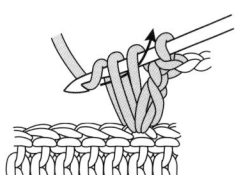　　3 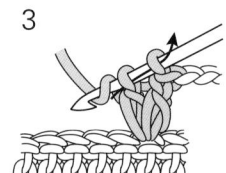　　4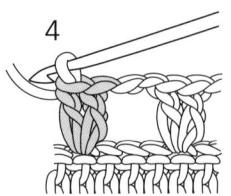

전 단의 한 코에 짧은뜨기를 2코 떠넣어서 1코 늘린다.
※ ❣은 짧은뜨기를 세 코 떠넣는다. ※ 줄기뜨기, 이랑뜨기도 같은 요령으로 뜬다.

**한길 긴뜨기
2코 늘려뜨기**

1 2 3 4

전 단의 한 코에 한길긴뜨기를 2코 떠넣어서 1코 늘린다.
※ 걸어뜨기하거나 콧수가 달라진 경우에도 같은 요령으로 뜬다.

94

짧은뜨기 2코 모아뜨기

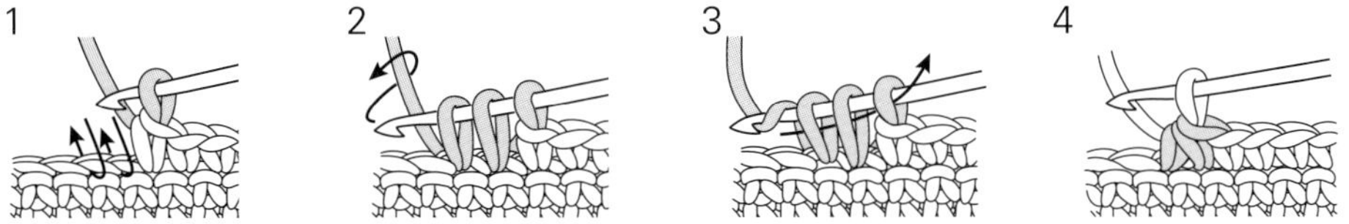

1   2   3   4

실을 2번 빼내서 미완성 2코를 만든다. 바늘에 실을 걸어 한번에 빼내어 1코 줄인다.

긴 3코 구슬뜨기

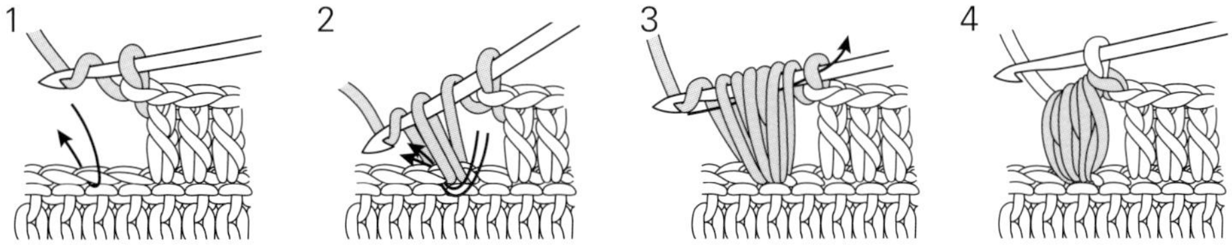

1   2   3   4

미완성 긴뜨기 3코를 한 번에 걸어 빼낸다. ※ 다른 콧수의 구슬뜨기도 같은 요령으로 뜬다.

한길 긴 3코 구슬뜨기

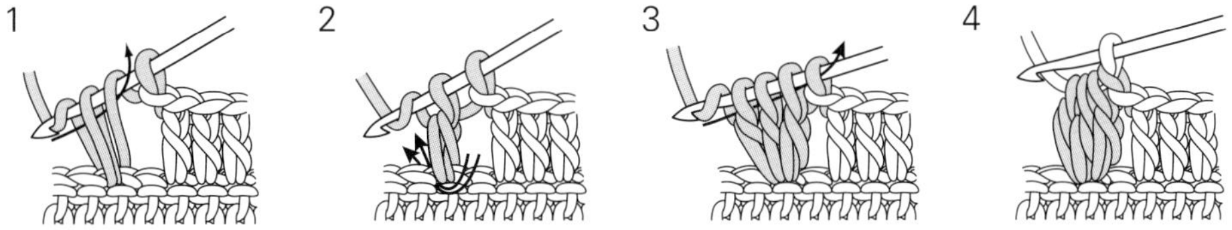

1   2   3   4

미완성 한길긴뜨기 3코를 한 번에 걸어 빼낸다. ※ 두길긴뜨기, 다른 콧수의 구슬뜨기도 같은 요령으로 뜬다.

한길 긴 5코 팝콘뜨기

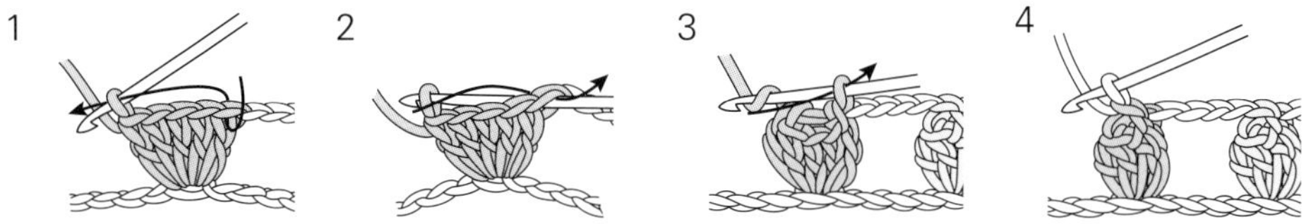

1   2   3   4

한 코에 한길긴뜨기를 5코 떠넣는다. 바늘을 빼서 화살표처럼 고쳐넣어(1) 코를 빼낸다(2).
빼낸 코가 느슨해지지 않도록 사슬뜨기를 1코 뜬다. 사슬뜨기한 코가 코머리가 된다.

한길긴뜨기 교차뜨기

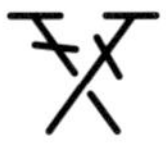

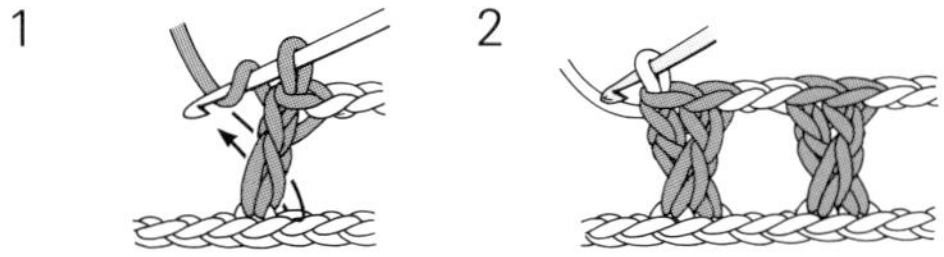

1   2

1코 앞의 코에 한길긴뜨기 한다. 그 다음 바늘을 화살표 방향대로
먼저 뜬 한길긴뜨기코의 뒤쪽으로 넣어 한길긴뜨기를 뜬다.

1코 앞의 코에 한길긴뜨기 한다. 그 다음 바늘을 화살표
방향대로 먼저 뜬 한길긴뜨기코의 앞쪽으로 넣어 한길긴뜨기 한다.

사슬 3코 피코뜨기

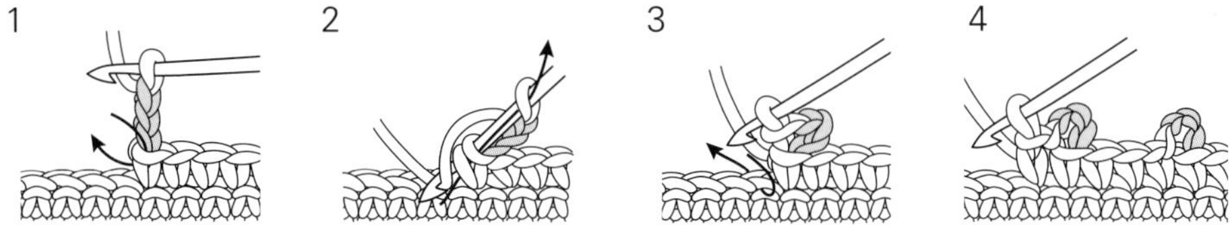

1   2   3   4

사슬코를 3코 뜨고 짧은뜨기를 뜬다. 바늘에 걸려 있는 루프 세개를 한번에 빼낸다.

[꿰매기·잇기]

감침질

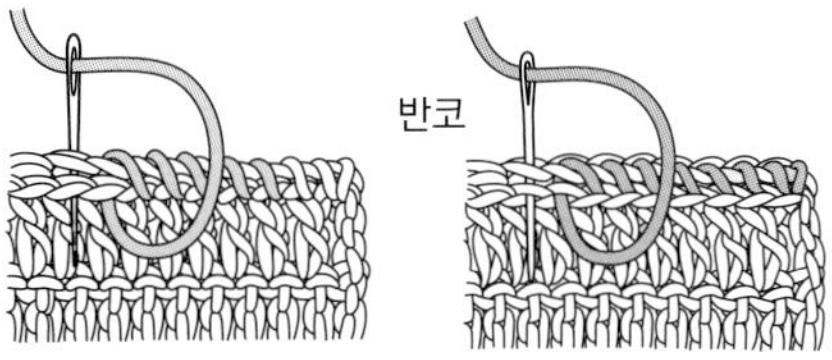

한코   반코

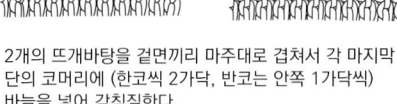

2개의 뜨개바탕을 겉면끼리 마주대로 겹쳐서 각 마지막
단의 코머리에 (한코씩 2가닥, 반코는 안쪽 1가닥씩)
바늘을 넣어 감침질한다.

빼뜨기로 잇기

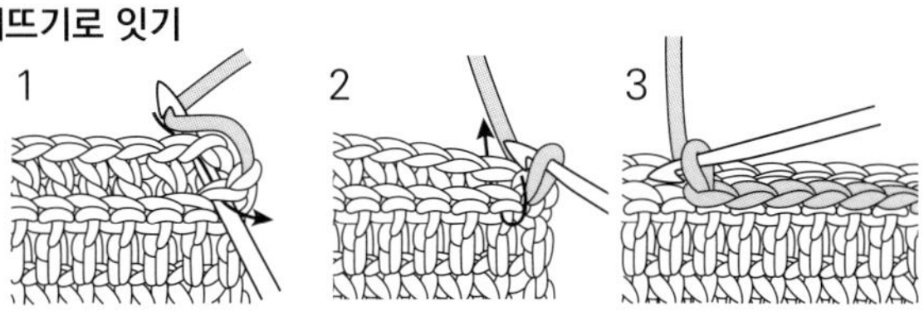

1   2   3

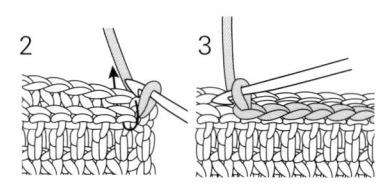

2개의 뜨개바탕을 겹쳐서 사슬코의 머리를 2가닥씩 주워서 빼뜬다.

옮긴이 제리

대학에서 신문방송학과 관광일어통역을 전공하고 어학교육·출판업에서 온라인 마케터로 일해 왔다.
《실과 뜨개 — 뜨고 싶은 실, 소재감을 즐기는 니트》《뜨개옷장》《코바늘 키즈 모자 & 가방 세트》를 옮겼다.

에코안다리아 디자인 31
어른스러운 손뜨개 가방과 모자

초판 1쇄 발행 2024년 7월 10일

지은이 가네코 사치코   가와이 마유미   나가이 마사미   마쓰다 쿠미코   사이치카   시즈쿠 도
       아오키 에리코   오카 마리코   오카모토 케이코   이케가미 마이   후나코시 토모미   하마나카기획
       Knitting.RayRay   Little Lion   marshell   poritorie   Sachiyo＊Fukao   ucono 오노 유코
옮긴이 제리

펴낸이 고은애
펴낸곳 북스앤디지털
출판신고 제 25100-2018-000023 호
전화 02-6448-6322
e-mail book@booksndigital.co.kr
INSTAGRAM @acompleteday_pub

한국어판 출판권 ⓒ 북스앤디지털 2024
오롯한날은 북스앤디지털의 출판 브랜드입니다.

JAPAN STAFF
북디자인 토리사와 치사 (sunshine bird graphic)
촬영 타키자와 이쿠에   야스다 죠스이 (p.2,3,34 ~ 37,86 / 문화출판국)
스타일링 이토 토모에
모델 다카하시 케이코
헤어 & 메이크업 KOMAKI
일러스트 다나카 리카
교정 무카이 마사코
편집 고이즈미 미쿠   미스미 사야코 (문화출판국)

ISBN 979-11-986459-2-0 13590
값 16,000 원

※ 인쇄된 실의 색상이 표시된 품번과 다소 차이나는 경우가 있을 수 있습니다.
※ 이 책에 소개된 작품의 전부 혹은 일부를 상품화하거나 복제하여 배포하거나 관련 대회의 응모작으로 출품하는 행위는 엄격히 금지되어 있습니다
※ 잘못 만들어진 책은 서점에서 교환하여 드립니다.